모래알을 수집하는 시간

* 외국어 고유명사들도 외래어표기법에 따라 표기했습니다.

# 모래알을 수집하는 시간

박선영 산문

싱긋

차
례

1부

# 가을, 주저

# 홍옥

여름이 물러나고 덥지도 춥지도 않은 시기가 되면 홍옥이 눈에 띄기 시작한다. 출하 기간이 짧아 9월 말에 시장에 나왔다가 금방 사라지기 때문에 별러야만 맛볼 수 있다. 홍옥을 한 입 베어 물고 나면 나는 비로소 가을이 왔음을 실감한다.

작년에는 디저트 가게의 SNS 피드 덕에 특별했다. 어릴 때부터 홍옥을 좋아했다는 파티시에가 '홍옥타르트'라는 프랑스 디저트를 만들었단다. 사과파이와 비슷한데 고급스러웠다. 홍옥은 새콤한 맛이 버터와 잘 어울리고, 익혀도 과육이 유지되어서 디저트 재료로

훌륭하다고 했다. 대견한 과일이다. 한정판이라 마음이 다급했다. 바로 달려가 사 먹어보았다. 맛도 훌륭했지만, 홍옥을 제대로 아는 분이 만들어서 얼마나 소중하던지. 작년 가을은 특별한 홍옥으로 시작했었다.

몇 해 전에는 여행 중에 지역 오일장에서 홍옥을 발견하고 너무 반가웠다. 홍옥을 살 때마다 남편은 매번 이렇게 말했다.

"우리 엄마가 홍옥을 너무 많이 드셔서 서른에 틀니 하셨잖아. 홍옥은 우리 엄마 과일인데……"

여러 번 들었던 말이지만 들을 때마다 놀라운 점이 있었다. 서른에 틀니라니, 그 시절 홍옥은 이가 상할 만큼 시고 달았던 걸까? 얼마나 많이 드셨길래? 결혼 전에 돌아가셔서 뵌 적도 없는 시어머니가 친숙해진 느낌이었다. 나만큼 홍옥을 좋아하는 사람의 이야기는 홍옥만큼이나 반갑다.

요즘에는 홍옥이 귀하다. 이가 썩도록 먹고 싶어도 재배 농가가 해마다 준다. 예전보다 새콤한 맛도 덜하다.

홍옥이 자취를 감추고 등장한 부사는 색깔도 서글서

글하고 불호가 없는 맛이지만 매혹적이지는 않다. 하지만 홍옥으로 말할 것 같으면, 일단 색깔부터 요염하다. 문지를수록 반짝거린다. 검붉은 빨강에 광택까지 더해져 위험해 보일 정도다.

껍질째 조각내지 않고 먹어야 한다. 과즙이 입에서 터질 때는 저절로 미간이 모인다. 지나치게 새콤한데 곧 달콤함이 밀려와 티격태격 조화롭다. 그렇게 홍옥은 색깔도 맛도 이름만큼 치명적이다.

내가 고3이었을 때, 대학 입시는 추운 12월에 있었다. 여름이 끝나고 서늘해지기 시작하면 입시가 지척에 왔음을 몸으로 느꼈다. 긴장감이 최고조가 되었고, 피곤과 불안으로 하루하루가 지옥 같았다.

오래전 일이지만, 해마다 초가을이면 그해 어느 날이 어제처럼 떠오른다. 공휴일, 학교는 교실을 도서관처럼 개방해두었다. 나는 공부하기 마땅한 곳을 찾기 번거로워 학교로 향했다. 만나기로 한 친구는 코빼기도 보이지 않았다. 맨 위층 3학년 교실까지 올라가는데 건물 안은 적막했고, 인기척도 느껴지지 않았다.

텅 빈 학교는 을씨년스럽고 지독하게 스산했다. 학

교에 나 혼자뿐인 것 같았다. 적막과 침묵이 학교에 꽉 들어차 있어서 내 한 몸 끼어들 틈이 없었다. 고요로부터 소외당하는 기분이었다. 혼자뿐인데도 교실이 좁고 답답했다. 감당하기 힘든 고요가 외로웠는지 무서웠는지 책을 들여다봐도 집중이 안 되었다. 수험생 어깨 위에 귀신이 올라탄다는 학교 괴담까지 떠올랐다. 그래서일까, 몸은 더 무겁게 가라앉았다. 곧 시험이라고 마음을 다잡아보았지만 소용없었다. 텅 빈 교실도, 교실에서 보이던 운동장도 어찌나 적막하고 황량하던지 학교생활도 지긋지긋하고, 시험공부에도 넌더리가 났다. 밖으로 뛰어내려도 시원찮을 듯한 마음이 들 때쯤, 책을 덮고 주섬주섬 짐을 챙겨 학교를 나왔다.

집으로 가는 길에 과일 가게에서 그 빨간 것을 보았다. 보기만 해도 턱이 아플 만큼 새콤하고 아삭한 맛이 상상되었다. 과일 가게 아줌마는 영리하게도 그것들을 살짝 닦아 광을 내서 쌓아놓았다. 그 자태는 지나칠 수 없을 만큼 강렬했다. 몇 개를 사서 봉지에 담아 들고 왔다.

교실의 외로움이 따라왔는지 텅 빈 집에도 금세 외

로움이 들어찼다. 사 온 사과를 입고 있던 옷에 쓱쓱 닦으니 반짝이며 더 붉게 보였다. 내 기분도 잠시 윤기가 도는 것 같았다. 입을 크게 벌려 한 입 베어 물었다. 새콤하고, 달콤했다. 아삭하는 맑은 소리에 내게 들러붙은 외로움과 언젠가부터 쌓여 있던 막막함 그리고 어깨 위의 귀신까지도 순식간에 물러나는 듯했다. 기분도 상큼해져 갑갑했던 가슴이 스르르 풀렸다. 그것은 제철 과일의 위력이었을까, 비타민C의 화학작용이었을까.

그날 이후 학교에 다녀올 때면 빨간 사과를 사서 봉지째 가방에 넣어두었다. 옷에 쓱쓱 닦아 광을 낸 후 우적우적 베어 먹곤 했다. 그 시절, 끝이 없는 두려움을 몰아내주던 그 맛을 떠올리면 침이 고인다. 아삭하는 한 입은 무슨 일인가 저지를 것만 같은 불안을 달래주었고, 새콤달콤함은 내 앞날도 그렇게 상큼하리라는 막연한 희망을 안겨주었다.

그 사과가 홍옥이고 초가을에만 잠깐 시장에 나온다는 걸 알게 된 이후, 해마다 홍옥을 껍질째 베어 무는 일을 놓치지 않았다. 끝날 것 같지 않은 두려움에는 제철 과일이 최고의 무기고, 홍옥만 한 무기를 한동안은 찾을 수 없었다.

햇빛 강렬했던 여름이 한풀 꺾여버리면 나는 한없이 서운해진다. 슬슬 손발이 차가워지고, 살아 있는 것들의 물기가 달아나기 시작하여 삶의 열정은 식고, 의욕은 말라버릴 것 같다. 아무런 수확도 없이 한 해를 보내야 하는 상실감에 쓸쓸해지고 만다. 몸도 마음도 더메마르기 전에 새콤달콤한 과즙으로 촉촉하게 충전해 놓고 싶다. 홍옥 한 입으로 이겨냈던 수험생 시절처럼, 상큼한 날이 끝도 없이 펼쳐질 것 같은 기분을 급속 충전 해놓고 싶다. 베어 물기 전, 옷에 야무지게 문질러 광택 내는 것을 잊지 말고서 말이다.

# 팬심

사춘기 중학생의 가슴속은 가연성 물질로 가득했다. 사소한 일에도 불꽃이 튀고 순식간에 타올랐다. 1988년 대학가요제에서 무한궤도를 보았다. 어쩌자고 밴드 이름이 무한궤도란 말인가. 전주가 나오자마자 대상을 예감했다. 예상대로 강렬한 스파크였고, 그 이후 무한궤도앓이가 시작되었다.

6개월 뒤에 무한궤도의 데뷔 앨범이 나왔다. 부족한 용돈이었지만 테이프와 레코드판을 둘 다 샀고, 테이프만 늘어지도록 들었다. 집에 턴테이블이 있었지만, 레코드판은 한 번씩 올려놓는 시늉만 하다가 깨끗한 상태로 보관했다. 그 레코드판은 여전히 내 책장에 꽂혀 있다. 한 번도 바늘이 닿은 적 없는 상태로. 그 레코드판을 보면 학창 시절 나의 가장 큰 이벤트였던 광주콘서트가 생각난다.

1989년 가을이었다. 친구 신혜와 나는 며칠 전부터 계획했던 일을 감행했다. 일단, 각자 담임 선생님에게 아프다며 2교시 후 조퇴하겠다고 말씀드려야 했다. 이 단계가 제일 가슴 떨리는 순간이었다. 조퇴를 못 하면 모든 게 수포가 되므로 혼신의 꾀병 연기를 했다. 둘 다 선생님의 의심 없이 조퇴를 허락받았다. 그리고 미리 약속한 장소인 학교 후문에서 만났다. 후문은 잠겨 있어서 낮은 울타리를 찾아 담을 넘어야 했다. 우리는 3교시 수업을 알리는 종소리를 뒤로하고 학교를 벗어났다. 그길로 시외버스 터미널로 가서, 광주행 버스를 탔다.

신혜는 팬질 레벨이 나보다 한 수 위였다. 지금은 점잖게 교편생활을 하고 있지만, 그 시절에는 한마디로 괴짜였고 대범했다. 나도 신해철 팬질로는 학교에서 꽤 이름이 나 있었지만, 신혜 앞에서는 하수 중의 하수였다.

그런데 어느 날, 신혜가 광주에 꼭 가야 한다고 했다. 평일, 그것도 광주에서 열리는 콘서트에 가는 것은 학교에 들키면 징계를 받을 수도 있고, 집에서 알면 호되게 야단맞을 각오를 해야 하는 거사였다. 맹렬하고 저돌적인 신혜는 나를 잘 이끌었다. 아니 잘 꼬셨다. 뒷일이 걱정되기는 했지만, 우리는 광주에 가기로 의기투합했다.

신해철은 혜성처럼 나타나 가요계를 뒤흔든 무한궤도의 리드 싱어였다. 데뷔 앨범을 발표하고 얼마 되지 않아 대마초로 물의를 일으켜 방송 출연이 금지되었다. 그리고 몇 달간 자숙하며 활동하지 않았다. 나는 실망과 염려로 테이프만 끊임없이 들었는데, 갑자기 광주에서 재기 무대를 가진다는 것이었다. 그 공연에 티켓도 없이 간 것이었다.

신혜는 멀리서 왔다며 관계자 앞에 무릎을 꿇고라도 들어가자고 했다. 무모하고 터무니없었지만 어떻게든 될 것 같았다. 경찰과 스태프의 거센 제지와 경고에도 불구하고 우리는 빈틈 사이로 공연장에 들어가는 데

성공했다. 게다가 무대 앞까지 인파를 밀치고 들어가 바닥에 앉았다. 앞으로 돌진해 가는 중에 주위 또래들 한테 발도 밟히고 머리카락도 뜯겼다. '내가 여기까지 어떻게 왔는데, 정학을 각오하고 왔단 말이야'라면서 막무가내로 밀어붙였다. 신혜와 나는 무서울 게 없었다.

드디어 몇 개월 만에 무대 위에 선 신해철을 보았다. 그전보다 핼쑥하고 푸석해 보이는 얼굴이었다. 힘든 시기를 보낸 그를 응원하러 왔다고 생각하니 내일의 걱정 따위는 한순간에 날아갔다. 무한궤도 멤버들은 새로운 멤버들로 대체되었지만, 날마다 듣던 그들의 음악을 눈앞에서 듣고 있으니 나의 용기와 무모함에 가슴이 벅차왔다. 무한궤도 1집의 타이틀 곡인 〈우리 앞의 생이 끝나갈 때〉의 그 웅장한 전주가 흘러나올 때는 심장이 터질 것만 같았다. 그 이후, 그 곡은 나의 사춘기를 관통하는 노래가 되었다.

30년도 더 지난 일이라 상세하고 구체적으로 연결되지는 않지만, 무대 바로 앞에서 넘어져 가며 봤던 신해철의 하얀 얼굴은 또렷하게 기억난다. 그때 쏟아부은 내 팬심의 에너지가, 그가 한국 가요계 정상에 오르는 데 영향을 주었을 거라고 굳게 믿었다. 그날, 우리는 무사히 귀가했고 학교에서도 아무 일 없었다. 신혜와 나의 무용담은 잠시나마 친구들을 즐겁게 해주었다.

비이성적이고 비도덕적이었던 사춘기, 누군가를 순수하게 좋아했던 중학생이 학창 시절의 한 페이지를 강렬하게 장식했던 사건이었다. 그날 이후 무언가를 그토록 무모하고 용기 있게 파고들며 좋아한 적이 있었던가? 사춘기 팬질은 그렇게 힘이 세고 강력했다.

신해철은 나한테 그런 존재였다. 이후 그는 대중문화계의 거물이 되어갔고, 나는 학교를 졸업하고, 애 엄마가 되고, 생활의 노예가 되어갔다. 하지만 그의 행보에 조금은 힘을 보탠 것 같아 뒷전에서나마 흐뭇했다. 그의 노래를 듣거나 라디오에서 목소리를 들을 때면 광주 콘서트가 떠올랐다. 열성적이었던 내 사춘기도 함께. 삶의 무게가 들러붙고, 끓고 있던 뭔가도 식어갔지만, 뜨거웠던 그 시절을 떠올리면 또다시 뜨거워질 수 있을 거라는 기대와 함께 세월은 흘러갔다.

2014년 〈배철수의 음악캠프〉에서 휴가 간 배철수 대신 임시로 DJ를 맡은 신해철의 저음을 오래간만에 라디오로 들었다. "본인은 본인이야." 자주 하곤 했던 어느 전 대통령의 성대모사를 들으며, 아, 정말 안 웃기는데 왜 이렇게 웃기나 싶어 그가 한없이 친근하게 느껴졌다. 우리는 세월을 공평하게 보내고 있었다. 하지만 그때의 음성이 마지막이 되었다. 같이 나이 들어가야 하는데 그는 혼자 마흔여섯에서 멈추었다.

벌써 10년, 그가 떠나고 긴 시간이 흘렀다. 나는 그가 멈춘 나이보다 더 많은 나이가 되었다. 이 글을 쓰면서 그가 남긴 수많은 명곡을 계속해서 들었다. 혼자만의 신해철 10주기 추모식이었다. 당시의 음악을 들으니 불꽃같던 열정을 품고 있던 그 시절이 소환되었다. 세상이 변해갈 때 같이 닮아가야 하는데, 이제는 팬들만 남아서 닮아가고, 닮아가야 한다니 허망했다. 희미해져 가는 지난날의, 형광펜으로 표시해 둔 듯 또렷한 광주 콘서트. 잊히면 없었던 날이었겠지만, 그가 신화가 된 덕분에 명확히 떠올릴 수 있는 그날이 선물같이 느껴진다.

그해 가을, 그의 10주기를 맞아 인천 영종도의 공연

장에서 추모 콘서트가 열렸다. 봄부터 나는 그의 노래를 끊임없이 들으며 혼자서 추모 중이었기 때문에 외로웠다. 그래서 공연장에 꼭 가야 했다. 큰 규모의 공연장이었는데 나 같은 팬들로 꽉 들어찼다. 어느 공연장보다도 남성 관객이 많았다. '넥스트'(신해철이 결성한 록 밴드)의 팬클럽은 나보다 젊어 보이긴 했어도 중년이긴 마찬가지였다. 그들은 똑같은 티셔츠를 입고 내 앞자리에 모여 있었는데, 뒷모습만 봐도 동지애가 느껴졌다. 어떤 마음으로 오래전의 그 티셔츠를 꺼내 입었을지 알 수 있었다. 한창때는 풍성하고 긴 머리로 헤드뱅잉 좀 했을 것 같은 팬들은 이제 허전해진 머리를 열심히 흔들었다. 내 옆자리는 혼자 온 젊은 남성이었다. 체격이 커서 나와 자꾸 부딪혔는데, 스탠딩이 시작되었을 때 나는 몸을 웅크려서 그가 두 팔을 마음껏 흔들 수 있도록 공간을 내주었다. 그는 목이 터져라 노래를 부르며 연신 눈물을 훔쳤다. 그 마음 안다고 등을 토닥여주고 싶었다.

그 어마어마한 공연장에 모였던 팬들은 같은 우상을 잃은 상실감으로 똘똘 뭉쳤다. 덕분에 외롭지 않은 신해철 10주기를 보낼 수 있었다. 그곳을 가득 메운 중년들의 떼창은 웅장했지만 어딘지 모르게 서글펐다. 다섯 시간 남짓 서서 노래하고, 함성을 지르며 뛰었다. 집에 돌아오니 자정이 넘었고, 몸무게는 1킬로그램 넘게 빠져 있었다. 그렇지만 내 마음에는 기름이 돌았다. 오래간만에 뜨거웠다.

# 순정

　나는 매사에 싫증을 잘 내는 편이라 물건도 쉽게 버린다. 때 묻고 낡은 것보다 깨끗하고 새로운 것을 좋아해서 낡아가는 것들은 버릴 짐이 돼버린다. 손때 묻은 물건들에는 미안하지만, 나는 애착이 별로 없는 차가운 인간이다. 그런데도 이상하게 버리지 못하는 물건이 하나 있다. 10년 전쯤 요가를 시작했을 때, 합리적 적정선을 넘겨버린 가격이었지만 사치하는 기분으로 사들인 요가 매트가 그것이다.

　싫증이 잦으니 뭐든 꾸준히 못 하는데, 특히 안 되는 분야가 운동이다. 운동신경도 없고, 흥미도 없고, 근력도 약하고. 그렇지만 나이 들수록 운동 안 하면 곧 병들어 일찍 죽을지도 모른다는 압박감 속에서 사회체육 하나는 익혀야 생명 지속에 지장이 없을 것만 같았다.

가까운 입주민 센터에서 하는 요가가 좀 만만해 보였다. 며칠 다녀보니, 운동에 둔한 나도 곧잘 따라 할 수 있었다. 무슨 일인지 그 반에서 내가 제일 잘했다. 다른 수강생들은 끙끙 앓는 소리를 내며 힘들어했다. 하지만 나는 수월하게 잘 따라갔고 근육의 움직임에 대해서도 빨리 이해했다. 나의 잠재력이 이제야 터지는 것 같았다. 그렇게 초급반 엘리트가 되었다. 슬슬 입주민 센터 기초 요가가 시시해졌다. 어떻게 터진 잠재력인데! 내 잠재력을 발휘하기엔 입주민 센터는 협소했다.

제대로 배워야겠다 싶던 차에 전문 요가 센터에서 요가 지도자 수강생을 모집한다는 광고를 보았다. 수강료도 비싸고 집에서 30분쯤 차를 타고 가야 했지만, 내가 요가 영재일지 모른다는 망상에 씐 터라 주저 없이 등록했다. 초급에서 중급, 고급을 건너뛰고 바로 지도자 과정이라니. 구구단 떼자마자 인수분해 하겠다고 덤비는 격이었다. 참으로 근거 없는 자신감이었다.

내가 초급반 엘리트가 될 수 있었던 것은 그 반 수강생 모두 생초보라서 기본 동작만 배웠기 때문이라는 걸 지도자 과정 클래스 첫날에 깨달았다. 지도자 과정은 수업 난도가 높고, 수강생들의 기세도 장난 아니었다. 지도자를 준비하는 수강생들답게 차림새도 멋지고, 탄탄한 팔다리에 운동신경이 뛰어났다. 그래도 환불은 자존심 상하는 일이고, 근력은 달려도 오기는 있어서 열심히 따라갔다. 하지만 미천한 실력은 발전할 기미를 보이지 않았고, 눈에 확 띄게 향상할 비책이 있다면 영혼이라도 팔고 싶었다.

운동은 '장비빨'이라는 말이 있지 않은가. 비루한 실력을 고가의 장비로 덮어보고 싶은 허영심이 스멀스멀 올라왔다. 장비랄 것은 요가복과 매트가 전부다. 초급반 엘리트는 후줄근한 면 티라도 꿀릴 게 없었지만, 지도자 과정에서 면 티는 태도의 문제가 되었다. 제대로 된 요가복을 사 입고 수련하다 보니 마음가짐도 달라졌다.

수강생들 사이에서 소문난 고급 매트가 있었는데,

당시 요가 매트계의 샤넬로 알려진 '만두카'였다. 동료 수강생이 갖고 있는 만두카를 구경했다. 어디에서도 느껴보지 못한 질감의 표면, 전혀 미끄럽지 않고 딱 떨어지는 쿠션감. 이 매트가 없으면 지도자 자격증은 물 건너갈 것만 같았다. 그래서 거금을 주고 사고야 말았다. 개인 매트가 생기자 요가가 더 잘되었다. 아마 장비를 갖추기까지의 시간만큼 수련의 시간도 쌓여서 그랬겠지만, 그때는 그게 다 고급 매트 덕인 것 같았다. 딸 수 없을 것 같았던 자격증을 손에 거머쥐게 되었다. 평생 근육 없이 살 줄 알았는데, 요가를 하면서 탄탄해진 몸의 변화는 더할 나위 없는 희열이었다.

나는 싫증이 잦은 만큼 집중력도 약하다. 그럼에도 그 매트에 서기만 하면 스스로가 낯설 정도로 몰두했다. 땀방울이 매트에 뚝뚝 떨어지는 순간, 그 황홀함에 평생 쉬지 않고 수련하리라 다짐했고, 땀을 쏙 뺀 후 매트에 널브러져 명상하는 자신에게 도취되었다. 매트 위 땀자국은 평소에는 70퍼센트만 쓰는 에너지가 매트 위에서는 100퍼센트 가동되고 있다는 표시였다. 앞으로 지속되지 않을지도 모른다는 불안 속에서 몰입했던 시간이었다. 지도자 자격증을 받은 이후에도 항상 매트를 들고 다니며 한동안 수련에 매진했다.

만두카는 모든 것이 가뿐했던 그 시기에 내 발밑에 있었고, 그것이 땀에 찌들고 낡아갈수록 나는 점점 단단해졌다. 이제 그 매트는 때가 많이 묻었고 가장자리가 해졌다. 고급스럽고 효율적인 신제품이 많이 나와 매트계의 샤넬이라는 명성은 이제 다른 브랜드의 차지가 되었지만, 만두카는 나의 신체 계급을 업그레이드해 준 명품이었다. 그래서 쉽게 버릴 수가 없고, 그것을 대체할 새 매트를 찾고 싶지도 않다.

물론 10년 동안 매일 요가를 했을 리 없다. 발가락이 골절되기도 했고, 당연히 질리기도 해서 다른 운동으로 옮겨 가기도 했다. 하지만 지금도 가끔 요가를 하러 다닌다. 요가 센터에 있는 아무 매트 위에서 수련할 때가 많다. 더는 예전의 가뿐했던 상태도 아니며, 수련의 마지막 명상 시간은 끝나고 뭐 먹을까 하는 잡생각으로 마무리하기도 한다. 그렇지만 만두카는 여전히 내 순정이다. 개인 매트가 필요한 요가 센터에는 꼭 그 매트를 가져간다. 한 평도 안 되는 매트 위에 서면 한때

날랬던 몸의 상태와 기분이 이식되어 매트 밖의 나보다는 근사한 인간이 된다. 어떤 새로운 매트도 대체할수 없는, 내 땀으로 얼룩진 매트. 내가 아무리 차가운인간이어도 이런 물건에 어찌 뜨겁지 않을 수 있겠는가. 애지중지할 것이다. 몇 안 되는, 손때 묻은 오래된내 물건이다. 말 나온 김에 깨끗이 씻어놔야겠다. 앞으로 10년은 더 함께해야 하니까.

# 관람

저녁 일곱 시 삼십 분 공연이지만 30킬로미터나 가야 해서 서둘렀다. 여섯 시가 채 되지 않았는데 벌써 어두워졌다. 어두운 초행길을 운전하려니 신경이 곤두섰다. 떨쳐낼 수 없는 엄마 걱정이 그 낯선 길에 악착같이 따라붙었다.

객석으로 들어가는 순간, 오길 잘했다 싶었다. 무대 앞 2열 중앙이었다. 자리를 예매해 준 친구도 멀리서 와 그런지 지쳐 보였다. 객석 조명이 꺼지자 거머리 같던 걱정거리는 잠시 마음 한편으로 밀어놓을 수 있었다.

멘델스존의 피아노 3중주가 시작되자, 이곳은 음악

의 도시 라이프치히였다. 긴 시간 비행하여 도착한 여행지처럼 아득하고 찬란했다. 무대 가까운 자리에서 연주자들의 들숨과 날숨을 함께 호흡하듯 음악에 빠져들면, 걱정으로 납작해진 내 마음이 갓 구운 크루아상처럼 부풀어 올랐다. 겹겹이 버터 향을 머금어 비옥한 마음이 되었다. 당분간은 누구에게나 친절을 베풀 수 있는 인간으로 개조가 되고 말았다. 심신 쇠약을 다스려준 수액과도 같은 공연이었다.

20여 년 전, 뮤지컬 〈오페라의 유령〉 한국 초연을 본 날을 아직도 잊을 수 없다. 육아와 경력 단절로 하루하루 나락으로 떨어지던 시기였다. 그때는 큰맘을 먹어야만 공연장에 갈 수 있었다. 힘들게 찾아간 그날, 시작과 동시에 무대 중앙으로 떨어지는 샹들리에를 본 순간 모든 것에 압도당했다. 배우의 연기와 노래, 무대 장치, 오케스트라 연주, 조명, 냄새에까지 정신없이 빠져들었다. 경이롭고 환상적인 무대에 소름이 돋았다. 완벽하게 아름다운 다중 우주로 들어선 것 같았다. 끝없는 육아 지옥과 곤궁한 가정 형편은 어디론가 달아나 버렸다. 뮤지컬을 보는 내내 근사한 공작부인이 되어 가면무도회에 참석한 것처럼 설렜다. 하찮은 내 일상도 곧 달라질 것 같은 희망이 피어올랐다. 영화관에서 혹은 텔레비전으로 비슷한 느낌을 받은 적이 있었지만, 이건 다른 위계에서 벌어지는 감동의 파장이었다. 그 파장은 공연장에서만 전해질 수 있기에 폐쇄적이었고, 그래서 더 치명적이었다.

하지만 강렬한 아름다움은 순식간에 지나간다. 막이 내리고 객석 조명이 켜지면 다시 허름한 재투성이가 된 기분이었다. 그렇지만 공연장에 가면 귀족 놀이를 할 수 있다는 기대감에 다시 뮤지컬을 볼 수 있게 될 날을 기다렸다. 그럴 줄 알았다는 듯 그곳으로 인도했던 친구는 이후로도 나를 또 다른 뮤지컬의 세계로 이끌었다. 그때부터 그 친구는 같이 볼 공연의 티켓을 예매하고 나에게 연락했다.

인생이 뜻대로 흘러가지는 않았어도 그 덕에 좋아하는 공연은 실컷 관람할 수 있었다. 이게 행복이지. 그런 느낌을 공유하며 인생의 힘든 시기를 외롭지 않게 돌파해 나갔다. 친구도 결혼하고 워킹맘으로서 먹고사느라 억척을 부리다 지치곤 했다. 그럴 때마다 공연장을 찾았다. 아름다운 무대 앞 객석에서 억척을 도려내고 우아함을 접붙이기만 하면 되었다. 객석의 조명이 켜지고 나면 우아함이 새순처럼 돋아나는 것이다. 아무리 사는 게 누추해도 그 순간만큼은 잊을 수 있었다.

그 후 또 10년간은 뮤지컬뿐만 아니라 클래식 공연, 콘서트, 북토크, 그림, 사진, 건축 등을 치우침 없이 보고 느끼며 안목과 취향을 발전시켰다. 세상엔 아름다운 것들 천지였다. 이것이 예술이구나, 하면서 근면하고 성실한 애호가가 되었다. 관람 티켓이 없었다면 20년 넘는 시간 동안 자질구레한 핑계를 대며 친구와의 만남을 미뤘을지도 모른다. 하지만 어렵사리 예약한 좋은 좌석은 출석 요구 통지서였다. 그 의미를 알기에 하던 일을 멈추고는 먼 길을 마다하지 않고 공연장을 찾았다. 오랜 세월 동안 먹고사는 일, 집안일, 직장일 같은 중요한 일들뿐 아니라 감동했던 전시회나 매력적인 아티스트 등 소중하게 간직한 것들을 함께 나눴다. 우리는 앞으로도 중요한 일이 소중한 것을 집어삼키지 않도록 경계할 것이다.

아무리 발버둥 쳐도 채워지지 않는 삶이 허무하고

지난하게 느껴질 때면 친구에게서 연락이 온다.

"시간 돼?"

행운의 박씨를 물어다 주는 제비처럼 친구가 선택한 티켓이 틈틈이 기다리고 있으니, 이번 생이 만족스럽지는 않아도 실망할 필요가 없었다. 어둑한 객석에 앉아 황홀함에 넋 놓고 있으면 사는 게 지긋지긋하고 괴로워도 풀어나갈 실마리를 찾아낼 용기가 생겼다. 무슨 원리일까? 괴로움이 사라진 것이 아니라 그것을 받아들이는 내 마음의 분자구조가 변형되고 개조되었을 것이다. 영화감독 타르콥스키의 말이 떠오른다.

'우리가 예술가를 필요로 하는 이유는 삶이 불완전하기 때문이다.'

삶이 완전해지길 어떻게 바라겠는가? 예술이 있고, 그것을 향유할 수 있는 친구가 있다면 아무래도 좋다.

# 필사

　남편 H는 요즘 만년필을 수집하는 재미에 빠져 있
다. 손으로 쓰는 일이 점차 줄어드는데 만년필을 왜 사
는지 의아했다. 장사를 하셨던 H의 아버지는 항상 '파
카' 만년필로 장부를 정리하셨다고 했다. 별난 3형제
가 아버지의 파카 만년필만은 절대 건드리지 않았는
데, 아버지가 그것을 얼마나 애지중지했는지 어린 마
음에도 알았기 때문이었다. H는 돌아가신 아버지만 생
각하면 만년필이 떠올라서 그런지 만년필에 대한 동경
이 깊었다.

　H는 몇 년 전 출근해 노트북으로 정리하던 일정을

두꺼운 종이 노트에 만년필로 빽빽하게 적어보았다고 했다. 그랬더니 머리가 시원해지고 생각이 정리되는 느낌을 강렬하게 받았다고 한다. 계시를 받은 것 같은 그날 이후 만년필 수집욕이 본격적으로 타오르기 시작했다. 이후 날마다 각양각색의 만년필이 집으로 배송되기 시작했다. 나는 한동안 그 모습을 아무 생각 없이 지켜보았는데, 영화 감상 외에는 취미도, 취향도, 별다른 관심거리도 없는 H가 뭔가를 재미있어하는 게 낯설고 신기해 보였다.

자바펜 아모레스 2 EF닙이 왔다. EF닙과 컨버터를 배럴에 장착 후 잉크를 주입하고 시필 중

해독이 불가한 이런 글이 쓰인 A4 용지가 책상 위에 여러 장 뒹굴었다. 이왕이면 책을 필사해보면 어떻겠냐고 H에게 제안했다. H는 학창 시절의 전공 서적과 회사 업무와 관련된 책 이외에 읽어본 책이라고는 『데미안』이 전부인 사람이다. 업무에 관련된 텍스트만 읽기에도 시간이 부족하다는 게 그의 변명 아닌 변명이

다. 내가 책을 보고 있으면 자기도 두어 쪽 읽다가 이게 지금 자기한테 무슨 소용이 있냐며 금세 덮어버리곤 했다. 소용이 있을 법한 자기계발서나 실용서는 아예 제목만 보고 무시하기 일쑤였다.

내 책장에서 H의 나이와 성별, 성향을 고려해서 필사할 책을 골랐다. 고심 끝에 골라 건네준 책은 김훈의 『남한산성』이었다.

영화 감상이 유일한 문화생활인 H는 원작보다 영화를 먼저 접했다. 영화의 장면을 떠올리며 책으로 진입하기 좋을 것 같았다.

"필사는 가장 느리게 하는 독서라 그러더군."

나는 책을 건네주었다. H는 내 말이 꽤 근사하게 들렸는지 바로 책을 펼치고 베껴 쓰기 시작했다. 처음에는 만년필을 이것저것 바꿔가며 제조사와 펜촉의 굵기에 따라 질감과 필기감이 다르다는 말만 할 뿐 쉽사리 책으로 들어가지 못하는 것 같았다.

"문장이 쉬운데 어려워……"

H는 말했다. 50여 쪽이 넘어가자, 책 속으로 빠져드는 듯 보였다. H는 퇴근하면 녹초가 된 채 항상 텔레비

전을 보며 하루를 마무리했는데, 필사를 시작한 이후로는 소파 앞 테이블에 앉아 잠들기 전까지 책을 베껴 썼다. 아침에 일어나 보면 테이블 위에는 앞뒤로 글씨가 빼곡한 A4 용지가 수북이 쌓여 있었고, 애처로운 돋보기안경이 테이블 가까이 놓여 있었다. 도대체 얼마나 쓴 건가 싶어 독서대에 펴놓은 책의 페이지를 보니 125쪽이다. 363쪽이 마지막 페이지다. 아직 멀었다. 단편소설을 먼저 권할 걸 그랬나. 쌓여 있는 종이를 보니 내 팔이 다 욱신거리는 것 같았다.

일전 추석 때 H는 책과 만년필 몇 개를 챙겨 고향에 내려가서는 다음 날 집 근처의 일찍 문을 여는 카페에 필사를 하러 갔다. 그러고는 오후 늦게 돌아왔다. 명절을 보내고 집으로 돌아오는 고속도로가 너무 막혀서 스트레스를 받았다. 그러면서 하는 말.

"빨리 집에 가서 필사해야 하는데……"

아, 좀 무서워지려고 했다. 이런 H에게는 필사가 제격이긴 했다.

어느 주말 아침, 우리는 한가한 카페에 앉아 각자의 방법으로 시간을 보냈다. H가 필사 중인 『남한산성』은 나도 예전에 읽은 적이 있지만 기억에 남는 문장은 거의 없었다. H가 손으로 쓴 몇 단락을 다시 읽어보니, 책 속의 활자보다 선명하고 단단하게 나에게 결속되는 것 같았다. 책 한 권을 다 베껴 쓴다면 눈으로만 읽었을 때와는 다른 차원의 독서 공력이 몸에 밸 것이 분명했다. 필사는 '책 느리게 읽기'라기보다 '책 느리게 새기기'라는 게 더 적절한 표현이겠다. 나는 한 문장 한 문장을 해체하듯 익히는 H의 독서에 살짝 감명했다. 금방 써 내려간 문장은 잉크가 마르기 직전까지 반짝거렸다.

"이렇게 책 읽어보는 건 처음이다." H가 말했다.

"책 자체가 처음이겠지." 내가 이죽거렸다.

나의 이죽거림에 아랑곳없이 H는 첫 독서 체험을 이렇게 술회했다.

"한 문장 한 문장 몸에 새겨 넣는 것 같아."

나는 온몸으로 읽어내는 H의 독서 체험이 부러웠다. 처음으로 온전하고 완벽하게 느껴보는 독서의 열락일 것이다. H는 남한산성의 계절이 겨울로 접어드는 부분을 필사하고 있었다.

"아…… 등 아프다."

H는 잠시 굽은 등을 펴고 만년필의 빈 배럴에 잉크를 채웠다. 그러고는 새 종이를 꺼낸 후, 책의 페이지를 넘겼다.

# 몰입


아무리 세상이 주의력을 흩트리고 집중력을 훔쳐 가도 책에 심취하는 사람은 여전히 존재한다고 믿는다. 내 독서 계정에 접속하면 책 읽기와 관련된 피드가 끝없이 이어져 마치 독서 인구가 폭발적으로 늘어난 듯한 착각이 든다. 하지만 알고리즘으로 인한 오해일 뿐이다. 오히려 책 읽기가 멋지고 희소한 취미로 여겨져 '텍스트힙'이라는 말까지 등장했으니, 그만큼 책을 읽는 이들이 줄었다는 방증이다.

2023년 성인 독서율은 역대 최저인 43%였다고 한다. 1년에 책을 단 한 권도 읽지 않는 성인이 10명 중

6명이라는 이야기다. 나는 2023년에는 43%에 속했지만, 앞으로도 꾸준히 책을 읽을지 장담할 수 없다. 어제 스마트폰을 보다 잠들어서인지 읽고 있던 책, 오늘 해야 할 일 등 뭐 하나 머리에 남아 있지 않았다. 나날이 산만해지는 나는 그래도 책 읽는 사람을 만나면 반갑고, 그가 어떤 책을 읽고 있는지 궁금해진다.

저녁 여섯 시쯤, 지하철 2호선은 꽉 들어찬 사람들로 발 디딜 틈이 없었다. 다들 익숙하다는 듯 각자의 스마트폰에만 집중했다. 대부분 이어폰을 끼고 유튜브를 보고 혹은 게임을 하거나 메시지를 주고받았다. 오랜만에 복잡한 지하철을 탄 나는 이런 풍경이 자연스럽다는 것을 알면서도 모두 핸드폰만 들여다보는 모습이 섬뜩했다. 그런데 그 풍경 속에서 책을 읽는 한 사람이 두드러져 보였다. 20대로 보이는 청년은 출입구쪽 기둥을 의지한 채 책을 읽고 있었다.

서 있기도 힘든 복잡한 지하철에서 전자책이 아니라 종이책인 시집, 그것도 출간된 지 30년이 되어가는 시집을 읽고 있었다. 그 청년은 정말 '힙'해 보였다. 그의 머리 위에만 조명이 켜진 듯 빛이 나는 듯했다. 몇 개의 역을 지나는 동안에도 발 디딜 틈 없기는 마찬가지였지만 그는 여전히 시집에서 눈을 떼지 않았다.

어떤 역에서 대바늘을 손에 쥔 젊은 여성이 타더니 자리를 잡고 서서 뜨개질을 시작했다. 사람 틈에 서서 가방 속 실을 뽑아가며 성글고 빠르게 뜨개질하는 모습이 무아지경이었다. 매일 같은 시간, 같은 자리에서 뜨개질을 해온 듯이 편안하고 자연스러워 보였다. 반복적인 손놀림을 보고 있다가 나도 모르게 넋을 놓아버렸다. 작은 손가방으로 완성될 모양이었다. 전념하는 모습이 멋지고 '힙'해 보였다.

독서처럼 뜨개질도 스마트폰 때문에 점점 사람들의 관심 밖으로 밀려나고 있을 게 분명했다. 뜨개질하는 사람이 줄어들지 않도록 '니팅힙' 같은 말도 유행이 되었으면 좋겠다. 이제껏 관심이 없어서 잘 몰랐는데, 뜨개질을 하면 정신이 이완되고 인지력 저하를 늦추는 효과도 있다는 것을 스마트폰에서 막 검색하여 알게 되었다. 뭔가를 만들어 손에 쥘 수 있으니 성취감도 있을 것이다. 이 글을 쓰다 보니 뜨개질이 글쓰기보다 더 실용적일지도 모른다는 생각이 든다.

동네 뜨개방을 찾아다니는 '뜨개인'들은 왜 뜨개방은 동네 책방만큼 많지 않을까 하며 안타까워할 수도 있을 것 같았다. 동네 뜨개방에서 같은 취미를 공유하는 모임도 있을까? 사람을 만나는 '뜨개질 복합 문화 센터' 같은 곳이 있나 검색해 보니 정말 있었다.

혼자서 작은 화면만 쳐다보는 우리는 어쩌면 지쳐가고 있는지도 모른다. 스마트폰 밖의 세상에서 사람의 온기와 얼굴을 마주하는 순간을 갈망하고 있는 건 아닐까. 도파민에 중독된 세상의 가볍고 말초적인 자극을 피하는 방법을 현명하게 찾아내는 이들이 신통하고 기특했다.

지하철 한 칸에는 200명쯤 되는 사람들이 있었고, 그중에 스마트폰을 보지 않던 사람은 책을 읽는 청년과 뜨개질하는 여성 단둘뿐이었다. 그 둘을 관찰하던 나는 스마트폰으로 뜨개질에 대한 정보를 검색하다가, 동네 뜨개방을 찾아보다가, 뜨개 용품을 파는 쇼핑몰을 구경하다가 내릴 역에 도착했다. 숏폼을 보고 난 뒤처럼 머리가 어질했다.

정적이고 고독한 취미에 푹 빠져든 이들. 아무리 집

중력이 휘발되는 시대이고 주의력이 흩어지는 환경이었어도 그 안에서 그들은 자신만의 시간을 움켜쥐고 있었다. 자극적이고 소비적인 콘텐츠로부터 스스로를 보호하는 방어막을 구축하는 중이었다.

청년이 읽고 있던 책은 함민복 시인의 시집 『모든 경계에는 꽃이 핀다』였다. 남과 다른 경계에서 그들은 고요하고 단단하게 피어났다.

# 머뭇

　남편과 등산을 다녀온 후 보신을 위해 추어탕을 먹기로 했다. 두 그릇을 주문하자 간단한 샐러드와 김치 등의 반찬이 먼저 나왔다. 조금 기다리니 추어탕이 나왔다. 다진 마늘이랑 산초 가루가 따로 나와 국에 첨가했다. 마늘이 부족해 사장님한테 요청하니 셀프라고 한다.

　셀프바에는 알아서 담아 갈 수 있도록 여러 가지 반찬이 마련되어 있었다. 마늘을 찾았다. 튜브에 담겨 있길래 작은 그릇에 쭉 짜서 가지고 왔다. 아까 것보다 묽고 더 노랗네, 하고 한 숟가락 푹 떠서 추어탕에 넣었다. 남편 그릇에도 듬뿍 넣었다. 그런데도 추어탕에서 마늘 맛이 별로 안 났다. 먹다 보니 샐러드가 부족하여 셀프바에 다시 갔다. 샐러드를 담고 소스를 뿌리려고 보았다가 아까 마늘인 줄 알고 짜 갔던 게 샐러드소스였다는 것을 깨달았다. 처음엔 이게 무슨 상황인지 파악이 안 됐다. 셀프바 한구석에 간 마늘이 얌전히 담겨 있었고, 그것을 필요한 만큼 떠 갈 수 있었다. 튜브 속의 샐러드 소스를 마늘로 착각한 이유는 그 색깔과 건더기가 마늘과 비슷해서였다. 그게 다진 마늘과 다진 유자청을 섞어 만든 유자 샐러드 소스였다는 것을 샐러드에 뿌려보고 나서야 알았다. 샐러드 소스만 맛을 보니 유자 맛, 식초 맛 그리고 은은한 마늘 향이 섞여 있었다. 어떻게 조금도 의심하지 않고 그게 마늘이라고 생각했을까? 튜브에 넣어서 파는 다진 마늘도 있으니. 식당에서 더 편하게, 또는 변질 없이 제공하려고 그랬나 보다 싶었다. 주위를 둘러볼 생각은 못 했다.

유자 소스를 뿌린 샐러드를 테이블로 가져왔다. 남편은 추어탕에 밥을 말고 있었다. 추어탕에 유자 소스가 한 순가락 들어갔음에도 맛의 변화를 못 느끼는 것 같았다. 맛이 이상하지 않나? 나도 유자 추어탕을 한 숟가락 입에 넣었다. 좀 애매하긴 한데 알고 먹어서 그런지 끝 맛이 달고 시큼했다. 먹을 수 있을까? 마늘, 제대로 된 마늘을 더 넣고 산초 가루도 듬뿍 넣어서 맛이 느껴지기 전에 후루룩 먹어 치우고 말았다. 남편한테 말했다.

"아까 그거 마늘 아니었어."

"그럼 뭔데?"

"샐러드 소스였어"

남편은 아무 말 없이 마저 먹었다. 믿고 싶지 않았던 걸까. 추어탕이 진국이라 어떤 향신료로도 제압할 수 없었기 때문이라고 하고 싶다. 아니면 우리 부부의 미련하기 짝이 없는 입맛 탓이었다고, 혹은 등산 후라 시야도 미각도 상실되어 그랬는지도 모른다고.


이 어이없는 실수에 대해 써서 〈윤고은의 EBS 북카페〉의 금요일 코너 '꺼내먹어요'에 사연으로 보내고 싶었다. 〈윤고은의 EBS 북카페〉는 나의 최애 라디오 방송이다. 이 방송의 금요일 코너인 '꺼내먹어요'에서는 김신지 작가가 다양한 수필집을 소개하면서 청취자에게도 뭐라도 써보라고 독려한다. 독려에 힘입은 청취자들이 짧은 에세이를 써서 게시판에 올리면 채택된 글을 윤고은 작가가 낭랑한 목소리로 낭독해 준다.

이번 주부터는 '올해의 실수'라는 글감으로 백일장을 시작했다. 꼭 참가하고 싶어서 올 한 해가 다 가기 전에 무슨 실수라도 하고 싶었다. 시시하고 하찮아도 작가님이 뭐가 됐든 쓰라고 했는데, 다행이 오늘 엉뚱한 실수를 함으로써 글감을 마련했다.

한 달 남짓한 시간이 있었고 소재도 확보했으니 이제는 쓰면 되었다. 그런데 내가 쓸 글로써 무슨 얘기를 하고 싶은 건지 고민이 되었다. 부주의를 경고하는 것도 아니고(셀프바에서는 시야 확보), 체력 고갈과 미각의 관련성에 대한 고찰도 아닐 것 같고(등산 후 미각 상실), '유자 맛 추어탕'으로 성찰의 메타포를 풀어낼 능력도 내겐 없었다. 일상의 에피소드에 어떻게 삶의 보편적 의미를 담을지 오래 생각해야 했다.

그래서 이 실수를 에세이로 써서 라디오 방송에 보냈냐면, 의미를 담아보겠다고 꾸물거리다 마감 시한을 넘기고 말았다. 사실, 백일장이 끝날 때까지 한 줄도 쓰지 못했다.

한 달은 금방 지났고, 코너의 에세이 글감은 바뀌었다. 실수는 실수로 끝이 났고, 백일장에서 채택된 청취자들의 글이 여러 편 낭독되었다. 다른 청취자들의 글을 들으면서, 꼭 써서 보내고 싶은 마음이 더욱더 간절해졌다. 하지만 글을 쓴다는 것은 그런 간절함도 이기지 못할 만큼 어려운 일이었다. 쓰기는 읽기, 듣기, 말하기보다 곱절은 힘든, 가장 고된 모국어 활동이라는 걸 실감했다. 그렇지만 나는 쓰기를 제일 잘하고 싶었다. 그래서 바뀐 에세이 글감으로 무엇을 쓸지 또다시 고민을 시작했다.

2부

# 겨울, 이유

아파트


로열, 카운티, 팰리스, 센트럴, 퍼스트 같은 외국어
로 아파트 이름을 어렵게 짓는다는 기사를 보고 어릴
때 살던 아파트가 떠올랐다.

초등학교에 입학했던 1981년, 부모님이 어렵게 마
련한 아파트로 이사를 했다. 지방의 변두리에 지어진
이 아파트는 입주할 당시 제법 번듯했다. 화장실 좌식
변기 하나만으로도 신식 느낌이 났다. 뜨거운 물과 찬
물이 같이 나오는 수도꼭지가 집 안에 있었으니 부러
울 게 없었다. 공동 화단에서는 무궁화나무가 자랐고,
잔디밭도 있었다. 특히 2층 미끄럼틀이 있는 놀이터는

나의 자부심이었다. 아직도 그 정겨운 아파트의 주소를 잊지 않고 있다. 건물이 여덟 개라 1동부터 8동까지 순서대로 한 자릿수 동 이름을 붙였다. 우리 집은 '무궁화아파트' 2동 210호. 2층, 오른쪽에서 열 번째였다. 얼마나 간결하고 순박한 주소인가. 똑같은 형태의 건물, 똑같은 구조와 평수. 입주민들도 엇비슷하게 살았다.

18.5평에 방 셋, 화장실이 하나였고, 싱크대가 있는 곳이 부엌 겸 거실이었다. 언니와 나는 각자의 방이 생겼지만, 어릴 땐 한방에서 잤고, 제일 작은 방에서 엄마는 메주를 띄웠다. 그 후 그 방에는 시골에 살던 고모 셋이 시집가기 전에 돌아가면서 몇 달 혹은 몇 년씩 기거했다. 고모들에게 무궁화아파트는 제2의 친정이기도 했다.

처음 이사했을 때는 허허벌판에 무궁화아파트밖에 없었는데 점점 아파트들이 미친 듯이 들어서기 시작했고, 내가 다니던 초등학교는 학생이 넘쳐나서 새로 생긴 초등학교로 단체 전학을 가야 했다. 아빠는 사우디아라비아에서 건설업체의 도급 노동자로 일하셨다. 우리 부모님의 첫 자가의 기반은 중동 석유 자본이었다.

아파트로 이사한 지 1년 만에 아빠는 4년간의 해외 노동을 마치고 세 모녀만 살던 집으로 들어오셨다. 그리고 여러 직업을 전전하셨다. 형편이 점점 어려워졌다. 엄마는 섬유 공장을 다니다가 공장이 망해 일자리를 잃었다. 이후 부엌 겸 거실이었던 곳에서 이웃들과 각종 잡다한 부업을 하기 시작했다. 특히 커튼 수술 만드는 일은 먼지가 많이 날려 아버지가 짜증을 냈다. 엄마는 수입이 일정하지 않은 아버지의 짜증에 아랑곳하지 않았다. 집안 사정은 날로 어려워졌지만, 바깥세상은 하루가 다르게 번창해 갔다.

친구들과 종이와 나뭇가지를 주워 불장난하던 공터에 '개나리맨션'이라는 10층짜리 아파트가 들어섰다. 거기엔 엘리베이터가 있었다. 엘리베이터가 있으면 맨션이라고 하는 줄 알았다. 5층짜리 무궁화아파트는 상대가 안 되었다. 곧이어 '그린맨션'이라는, 일대에서 가장 높고 대단지인 15층짜리 아파트가 생겼다. 벽면에 큼직하게 영어로 쓰인 아파트 이름에 기가 죽었다. 그림 같아서 그린맨션인 줄 알았는데, 그린이 초록색이라는 걸 알게 된 뒤로 그곳은 마치 높다란 낙원 같았다. 그린맨션 덕에 세련된 종합 상가가 들어왔고, 그곳에 매일같이 구경하러 갔다. 그린맨션에는 부자들이 많이 살아서 고급스럽고 세련된 것을 많이 팔았다. 날이 갈수록 고동색 무궁화아파트는 우중충해 보였다. 다행히 바로 옆 '능금아파트'도 무궁화아파트처럼 촌스럽긴 마찬가지였고, 지은 지 얼마 안 된 '공작맨션'은 5층이면서 맨션이라고 이름을 붙인 게 가소로워 위안이 되긴 했다. 학년이 올라갈 때마다 주변 건물들이 쉴 새 없이 높아지고 휘황찬란해져서 우리 아파트를 포함한 5층짜리 아파트들은 볼품없어지고 말았다.

꽃 이름이 붙은 아파트 말고 영어로 이름 지은 세련된 고층 맨션에서 살고 싶었다. 우리와 함께 입주했던 이웃들은 하나둘 넓은 평수의 집으로 이사 가기 시작했다. 우리 집은 형편이 나아질 기미가 없었는데, 내가 4학년 되던 해에는 막냇동생이 태어났다. 엄마는 안방의 아랫목에서 산후조리를 하셨다. 식구가 늘자 살림이 더 기울었고, 늦둥이가 생긴 게 의아스러울 정도로 부모님은 자주 다투셨다. 아빠는 건설 장비 임대업을 시작하셨지만, 벌이가 들쭉날쭉했다. 우리 다섯 식구는 겨우 밥이나 먹고 살았다. 중고등학교에 진학하면서 언니와 나는 집안 형편이 점점 어려워지는 걸 실감했다. 세 남매가 시끌벅적 커가는 아파트는 다른 집들보다 더 쉽게 낡고 닳아갔다. 세면대가 떨어지고, 싱크대가 막히고, 벽지가 뜯기고, 곰팡이가 끼었다. 억척스러운 엄마가 벽지와 장판을 사 와서 요즘 말로 셀프인테리어를 했다. 우리는 툴툴거리면서도 도와야 했다. 그러는 사이 무궁화아파트도 외벽 전체를 도색해서 베이지색으로 탈바꿈했다. 고동색이 베이지색이 되었어도 그 동네에서 제일 촌스럽고 후지긴 마찬가지였다.

그곳에서 오래 살다 보니 아파트 상가의 사장님, 동네 주민, 경비 아저씨까지 우리 식구를 모르는 이가 드물었다. 늘 인사를 해야 했고 행동거지도 조심해야 했다. 상가는 업종이 수시로 바뀌었고, 옆집, 윗집에 낯선 이웃이 보였다. 우리 식구만 그곳에서 그대로였다. 이사 갈 형편이 안 되었다. 동네 뒤에 흐르던 개천이 복개되면서 공터가 생겼고, 그 자리에 아파트가 또 들어서고 도로는 자꾸 넓어졌다. 우리만 빼고 동네는 정신없이 개발되고 변모하고 있었다.

그곳에서 태어난 늦둥이 동생이 중학생이 되었을 무렵, 나는 결혼하며 그 집을 떠났다. 친정의 남은 네 식구는 그곳에서 몇 해 더 살다가 이사를 나갔는데, 입주한 지 22년이 되던 해였다. 그리고 또 몇 년이 지나 무궁화아파트는 철거되었다. 그곳에는 '캐슬'이라는 외국어가 들어간 30층짜리 고층 아파트가 재건축되었다. 한때 변두리였던 동네는 대단지 아파트의 중심이 되었다. 친정 식구들은 능력 있는 언니가 넓은 새집을 장만해 그리로 이사했다. 몇 년 뒤, 늦둥이 동생이 결혼하며 분가했다. 일에 바빠 혼기를 놓친 언니는 부모님을 모시고 살았다. 몇 해 전 아빠가 돌아가셔서 언니와 엄마 둘이서 사는 '파크'라는 이름으로 끝나는 아파트는 너무 넓고 휑하다.

경제력이 없어서 궁색했던 아빠, 그 때문에 고생했던 엄마, 그런 부모님을 책임지고 싶어 했던 언니와 도망가고 싶었던 이기적인 나, 마냥 밝았던 늦둥이 막내. 갑갑하기만 하던 그 시절이 한순간 다 이해되고 연민이 생긴다. 지금의 나보다 젊었던 부모님. 얼마나 불안하고 힘드셨을지. 부모의 나이가 되어봐야 알 수 있는 것이 인생이다.

무궁화아파트에 살 때 나는 우리 집만 가라앉는 것 같아 기가 죽었다. 하지만 돌아보면 익숙하고 다정한 이웃과 식구들 덕에 외로움을 느낄 틈이 없었다. 그 시절, 좁은 집에서 아옹다옹하며 엉겨 살아 지금도 여전히 끈끈하게 연결돼 있는지도 모르겠다. 무궁화아파트는 '나의 살던 고향' 이름이다. 꽃 이름, 새 이름, 과일 이름을 붙인 아파트들 중에서도 제일 초라했지만, 그 속에서 살던 때가 그립다.

# 연탄

1980년대에 내가 살았던 5층짜리 아파트는 방이 셋이고 그 사이에 부엌 겸 거실이 있는 현재 20평대 아파트와 구조가 비슷했다. 지금과 가장 큰 차이는 연탄보일러가 있었다는 점이다. 다용도실 한쪽에 연탄보일러가 놓여 있었고, 반대편에는 연탄을 쌓아두는 창고가 있었다. 엘리베이터가 없어서 연탄은 모두 계단으로 옮겨야 했다. 계단에 연탄 가루가 떨어지지 않도록 긴 천막을 깔고 연탄 가게 사장님이 차곡차곡 날라주었다. 추워지기 시작하면 연탄보일러 화구 두 칸에 번개탄을 깔고 신문지로 불을 붙였다. 번개탄에 붙은 톱밥이 타고 번개탄에 불이 붙으면 그 위에 연탄 두 장을 포개어 놓고 보일러 아래 공기 조절구를 열어두었다. 그러면 방바닥이 따듯해졌다. 연탄재는 연탄 창고 옆 손잡이가 달린 철제 상자에 넣었다. 레버를 당기면 기울어지면서 뒤쪽이 열려 1층 쓰레기 투하장으로 떨어졌다.

아무리 추운 겨울에도 집에 들어오면 외풍도 차단되고 방이 뜨끈해서 그렇게 아늑할 수 없었다. 내 방은 다용도실 바로 앞의 작은방이었다. 그곳에는 다용도실과 통하는 창문이 있었다. 그렇다 보니 은은한 연탄가스 냄새를 맡으며 어린 시절을 보냈다. 그때 연탄가스 냄새를 덜 맡았으면 공부를 더 잘했을지도 모르겠다. 일반 주택보다 환기가 덜 되는 구조였을 텐데, 일산화탄소가 얼마나 무서운지도 모르고 살았다. 그래도 우리 아파트에서 가스 사고가 난 적은 한 번도 없었다.

공기가 늘 훈훈했던 이유는 연탄 화구 위에 항상 뭔가를 끓이고 있었기 때문이다. 그 덕분에 습도와 온기를 동시에 잡을 수 있었다. 연탄불 위에서 끓이는 것들은 다양했다. 주로 돼지 등뼈나 소 잡뼈를 넣고 오랫동안 곰국을 끓였다. 그래서 겨울이 시작되면 밥상에는 언제나 뽀얀 국물이 있었다. 매일 곰국에 밥을 말아 먹고 학교에 갔다. 가끔 엄마가 아침에 돼지 등뼈를 한가득 떠주면 그것을 뜯느라 지각도 감수해야 했다. 뽀얀 곰국이 혈액의 산소 포화도를 조절했을지도 모르겠다. 연탄가스에 머리가 아팠던 적은 없었으니까.

어느 날, 학교에 갔다 오니 여지없이 연탄불 위에서 들통이 끓고 있었고, 무슨 곰국인가 싶어 뚜껑을 열었다가 화들짝 놀라고 말았다. 들통 안에는 소머리가 모로 놓여 있었다. 이빨과 콧구멍, 혀까지 모두 펄펄 끓고 있었다. 온 집 안에, 벽지, 책상, 옷에 소머리에서 나온 증기가 들러붙는 것 같아 기겁했다. 엄마는 괜찮다면서 "먹고 더 달라고 하지나 마"라고 했다.

찬 바람이 쌩쌩 들어오도록 문을 활짝 열었다. 연탄가스보다야 나쁘겠냐마는 끔찍하고 역겨워서 몸서리를 쳤다. 그렇지만 그날 저녁상에 한 접시 가득 소머리수육이 담겨 나왔는데 먹음직스러워 보였다. 그중에 내가 아는 것과 질감이 다른 부위가 있었는데, 아빠한테 뭐냐고 물으니, 먹으면 뭔지 알려준다고 했다. 몇 시간 전 야만적이라고 난리를 쳐놓고는 속도 없이 날름 고기를 입에 넣었다. 수육은 쫀득했고 부드러웠다. 밀도가 빡빡해 보이던 그 고기는 '소 혀'라고 아빠가 알려주었다. 꺼림칙하긴 했지만 고기가 귀했던 시기라 그냥 먹었다. 그날 이후 음식에 대한 선입견을 품지 않기로 했다. 몇 주 동안 소머리 국밥이 아침저녁으로 밥상에 올라왔다. 이후 그것은 우리 가족 추억의 음식이 되었다. 들통에 놓인 소머리가 떠오르긴 했어도, 푸짐하게 겨울 몸보신을 시켜준, 아빠가 제일 좋아하셨던 보양식이기 때문이었다.

어느 날, 엄마가 나를 위해 그 들통에 우동 면을 한가득 삶았다. 분식집에서 우동을 먹어보고 나서 엄마한테 허구한 날 해달라고 졸랐다. 요즘 시판되는 우동 면이 익힌 상태의 진공 팩으로 나오는 이유가 있다. 우동 면은 굵고 두꺼워서 익히는 데 시간이 많이 걸리기 때문이다. 내가 어릴 적에는 우동 면도 소면처럼 건조 면으로 팔아서 집에서 끓여 먹기 쉽지 않았다. 하지만 우리 집에는 꺼지지 않는 연탄불이 있었다. 물이 끓기 시작하면 들통에 마른 우동 면을 넣고 고둣이 펄펄 끓였다. 넘치지 않도록 찬물도 넣어주면서 휘휘 저었다. 30분을 삶으면 마르고 두껍던 우동 면이 통통해졌다. 그러면 그걸 건져서 분식집에서처럼 사리를 지어놓았다. 그리고 다른 연탄불 위에는 멸치를 우렸다. 그 시절에는 지금처럼 쓰유나 가다랑어포가 없었다. 그 멸치 국물에 간장을 넣고 사리를 토렴해 넣은 후 다진 파와 고춧가루, 쑥갓만 올리면 우동이 뚝딱 완성되었다. 엄마가 이렇게 하는 걸 옆에서 유심히 지켜봤기 때문에 내가 한 것처럼 기억이 생생하다. 집에서 끓인 우동에는 엄마의 정성이 우러나 있었다.

오래 끓여야 하는 음식 덕에 우리 집은 겨울에 건조했던 적도, 냉기가 들어설 틈도 없었다. 웬만큼 우려내고 고았다 싶을 때면, 엄마는 큰 스테인리스 대야에 하얀 빨래를 담아 연탄불 위에서 삶곤 했다. 그러면 빨래에 형광빛이 감돌았다.

연탄은 겨우내 과로했다. 연탄보일러가 있던 다용도실은 온돌 난방이 안 되는 타일 바닥이었지만, 라디에이터를 켜놓은 것처럼 겨울에도 훈훈했다. 겨울이면 연탄가스 냄새, 곰국과 멸치 국물 냄새, 삶은 빨래 냄새까지 갖가지 냄새가 우리 집 가구며 옷, 살과 뼈, 그리고 정서에까지 차곡차곡 쌓이고 배어들었다.

몇 년이 지나, 아파트 전체가 연탄보일러를 가스보일러로 교체했다. 우리 집도 연탄보일러가 있던 자리에 베란다에 있던 세탁기를 옮겨놓았고, 연탄이 쌓여 있던 공간으로 냉장고를 옮겼다. 싱크대도 다용도실로 옮겨서 거실이 좀 넓어졌는데 왠지 허전했다. 엄마는 가스레인지 위에는 들통을 자주 올리지 않았다. 가스비가 많이 나올까 봐서였다. 그래서 곰국 대신 찌개나 전골 따위로 겨울 밥상이 바뀌기 시작했다. 연탄이 떨어지던 1층 쓰레기 투하장도 폐쇄되었다. 여전히 1층부터 5층까지 연결되어 있던 쓰레기 승강로는 텅 빈 채로 남았고, 집집마다 배출구를 나름대로 닫아버렸다.

아파트 상가 연탄집은 쌀집으로 업종을 전환했다. 연탄보일러가 사라진 동네는 말끔해졌지만 쌀쌀맞아 보였다. 은은히 연탄가스 냄새가 나던 내 방 창문으로는 다용도실의 냉기가 들어왔다. 연탄을 때본 적이 있었냐는 듯 우리는 연탄불에 음식을 고아 먹던 시절도 차츰 잊어갔다. 가스보일러가 돌아가기 시작하면서 겨울에 집 안은 부쩍 건조해졌다. 공기가 메말라서 그런지 집 안 분위기마저 야박해진 듯했다. 어느새 곰국이나 우동은 밖에서 사 먹는 음식이 되었다.

최근에 소머리국밥집에 가서 소머리 수육이 잔뜩 들어 있는 국밥을 먹었다. 어릴 적 들통에 옆으로 놓여 있던 소머리의 모습이 떠올랐지만 끔찍해하기보다 향수에 젖고 말았다. 맙소사, 소머리를 향한 노스탤지어라니, 소머리의 소리 없는 아우성이었다.

그 모든 것이 결국 다 연탄이 해낸 일이었다. 연탄의 그 뭉근하고 일정하게 타들어 가던 열기가 했던 일이었다.

# 꿈

　결혼을 하면서 한 번도 살아본 적이 없는 도시로 이사를 해야 했다. 동네도 낯설고 결혼이라는 인생의 어마어마한 전기를 순식간에 맞아서인지 뭐가 뭔지 모르게 불안정했다.

　이사 온 동네를 혼자 산책하다가 경찰이 분주히 오가는 모습을 보았다. 신혼집에서 멀지 않은 곳에서 살인 사건이 일어났다. 한동안 사고 현장에는 경찰 통제선이 쳐져 있었고, 목격자를 찾는 전단이 벽에 붙어 바람에 나풀거렸다. 그 후로 동네 다니기가 무서웠다. 그곳에 정이 들기도 전에 정나미가 떨어져버렸다. 모든 게 어색하고 낯설고 무섭기까지 했다.

　스물다섯 살, 어린 나이에 결혼했지만 스스로를 어른스럽고, 적응력이 뛰어나고, 무던한 사람이라고 인식하고 있었다. 하지만 결혼 후 낯선 환경에 놓인 나는 내가 무던한 사람이 아니라 예민함을 감추려고 애쓰는 사람이었음을 깨달았다. 낯선 환경에서 나의 본성을 처음 대면하는 것이 제일 낯설었다. 생소한 곳에서 새로운 사람에게 적응하는 일이 어려웠음에도 내가 선택한 것이므로 못 견딘다고 하고 싶지 않았다. 내가 몰랐던 나의 의식은 적응할 시간이 필요했었나 보다. 새로운 이물질이 침투하면 몸에 열이 나거나 두드러기가 돋는 것처럼 내면의 알레르기 반응은 수면의 질로 나타난 것 같았다.

　어느 날, 잠결에 누군가 방문 앞에 앉아 있는 것 같아 화들짝 놀라서 깨었으나, 위에서 누가 나를 누르고 있어 움직일 수가 없었다. 숨을 쉬기도 힘들었고 갑갑했다. 눈을 겨우 떠보니 문 앞에서 누군가가 고개를 돌려 나를 보는 것 같았다. 이게 가위눌림이라는 것을 직감했다.

중학생 때, 국어 선생님에게 들어본 적이 있었다. 그때 들었던 얘기가 또렷이 기억날 만큼 무서웠는데, 그일이 나에게 들이닥친 것이다. 선생님은 가위눌렸던 일을 실감 나게 얘기해주었는데, 몸 위에 귀신이 올라타 목을 졸랐고 움직이려 해도 움직일 수 없었다고 했다. 그리고 귀신과 절대 눈을 마주치면 안 된다고 했다. 위에서 누르는 귀신과 문 앞에서 돌아보는 귀신, 나는 그 모든 시선을 피해야 했다. 눈을 뜨지 못한 채 몸을 움직이려고 안간힘을 쓰며 뒤척거려야 했다.

어떤 날은 아침에 일어나면 꿈이 또렷하게 생각났다. 정신적으로 안정감이 들지 않아서인지 꿈을 꾸고 나면 떨쳐내기가 힘들었고 또다시 가위눌릴까 봐 잠들기도 두려웠다.

어느 날, 이가 빠지는 꿈을 꾸었다. 맥락도 없이 이가 빠지는 꿈이었는데, 너무 생생하여 일어나서 입속의 혀를 돌려보기도 했다. 이렇게 또렷한 꿈은 뭔가 해몽이 있을 것 같아 인터넷에서 찾아보니 지인이나 친인척이 죽는 꿈이라고 했다. 이건 가위눌림과 다른 차원의 공포였다. 꿈이 끔찍한 일을 미리 알려준다니, 귀신과 눈을 마주치지 않는 것으로 해결될 일이 아니었다. 그때, 윗니 중 어금니가 빠지는 꿈을 꾸었다. 그건 웃어른의 죽음을 의미한다고 했다. 그런 걸 잘 믿지 않는 편이었음에도 찝찝하고 불안했다. 친정집에 전화를 걸어 부모님 안부를 확인해야 했고, 시댁에는 시할머니의 안부를 여쭈었다. 그래도 혹시나 해서 조마조마했다.

며칠 후, 시댁 쪽에서 부고가 전해졌다. 남편의 당숙의 아버지 되시는 종조할아버지였다. 결혼 후 한 번 인사드린 적이 있었다. 그 소식을 듣는 순간, 내 꿈이 예지였던 건 아닌가 싶어 놀랍고도 무서웠다. 그 후에 또 이가 빠지는 꿈을 꾸었고, 지인의 장례식에 다녀와야 했다. 해몽이 두 번이나 들어맞고 나니 또다시 이가 빠지는 꿈을 꾸게 될까 봐 두려웠다.

지금까지는 먼 친인척이나 지인의 죽음을 예견했지만, 혹여 앞니나 송곳니처럼 중앙의 이가 빠지는 꿈을 꿔서 가까운 사람의 죽음을 예지하게 되는 건 아닐까 두려웠고, 한번 그런 생각이 들면 헤어 나오기 힘들었다.

치아에 관해서는 생각도 하지 말고 보지도 말아야

했다. 치과에도 가기 힘들었고, 텔레비전에서 치약 광고가 나오면 눈을 돌려버렸다. 광고에서 혀로 이를 훑는 이미지는 끔찍했다. 무엇보다 강렬했던 것은 텔레비전에서 본, 어린아이의 앞니에 실을 묶어 뽑는 장면이었다. 그 장면을 보는 순간, 오늘 밤 분명 이 빠지는 꿈을 꾸겠구나 싶었다. 꿈을 꾸지 않기 위해 몸을 피곤하게 만들어야 했다. 텔레비전을 보다가 또는 책을 읽다 잠들면 내가 피하고 싶은 것을 무의식적으로 불러낼 것 같은 이상한 생각이 들었다. 몸이 지쳐서 기절하듯 잠들어야 했다.

매일 지칠 때까지 걷거나 자전거를 타고 멀리 다녀오기도 했다. 지금 생각해 보니 그때의 나는 아마 불안장애, 강박 장애였던 듯하다. 그 공포는 오래갔고 20여 년이 지난 지금도 조금 갖고 있다. 예전만큼 잠들기 두려울 정도는 아니지만.

아버지가 급작스럽게 돌아가셨을 때, 아무런 꿈도 꾸지 않았다. 이 빠지는 꿈이 예지의 기능을 하지 않는다는 사실을 증명하는 듯했다. 해몽대로라면 앞니가 빠지는 꿈을 꾸었어야 했다. 하지만 그동안 이 빠지는 꿈이 예지일까 두려워했던 것이 무색할 정도였다. 가까운 이의 죽음을 감당하지 못할 나를 무의식이 먼저 감지한 것일지도 모른다. 무의식이 내 두려움을 보살핀 것일까.

그 후 이 빠지는 꿈은 미래를 보여주지 않는다는 걸 확실히 알았다. 그것은 불안과 통제 불가능한 현실 사이에서 무의식이 만들어낸 망상에 불과했다. 꿈에 대한 무리한 해석 같은 건 하고 싶지 않다. 나는 이 글을 쓰면서 오늘 밤 이 빠지는 꿈을 꿀까 봐 얼마나 두려워하고 있는지! 이 두려움을 무릅쓰고 글을 어렵사리 마무리해본다. 스스로 극복되었길 바랄 뿐이다.

# 배웅

동생이 호주로 어학연수를 떠나는 날이었다. 부모님과 언니와 나는 동생을 배웅하기 위해 모두 인천공항으로 갔다. 동생은 나와 열 살 터울의 늦둥이라 가족들의 걱정과 애정이 유난스러웠다. 동생은 출국 수속을 마치고 출국장으로 들어가기 전에 가족들과 악수를 하고 포옹도 했다. 우리는 해도 해도 모자란 당부의 말을 늘어놓았다. 몸조심해라, 자주 연락해라, 힘들면 돌아와라. 동생은 혼자 뚜벅뚜벅 출국장으로 들어갔고, 나를 제외한 부모님과 언니는 동생의 뒤통수가 보이지 않을 때까지 출국장 입구를 목이 빠지게 쳐다봤다. 나

는 타고나길 매정해서인지 나머지 식구들과 달리 멀리
서 지켜보기만 했다. 동생이 더 이상 안 보이자, 출국
장 벽 사이의 투명 유리로 된 틈새를 발견한 세 사람은
머리를 들이밀고 출국장 안을 살폈다.

"저기 있다." 언니는 금방 헤어진 동생의 뒤통수를
찾아냈고, 엄마랑 아빠는 "어디 어디" 하며 그 좁은 틈
새에서 머리를 이리저리 움직였다. 멀리서 지켜보던
나는 그들의 뒷모습을 사진으로 남겨놓았다. 한 뼘 정
도 되는 투명한 유리창에 세 사람이 위아래로 머리를
들이밀고 있다. 누가 보면 이민 보내나 할 만큼 호들갑
을 떠는 펭귄 떼 같았다. 그렇게 애틋하게 동생을 보냈
다. 뒷모습이 안 보일 때까지, 배웅다운 배웅을 했다.
그러고는 근처 을왕리의 식당에서 오랜만에 나들이 나
온 사람들처럼 조개구이를 먹었다. 아까 헤어짐의 순
간이 머쓱할 만큼 맛있게 먹었다. 동생은 시간이 지나
면 돌아온다는 걸 알았기에 작별의 슬픔은 오래가지 않
았다. 동생은 2년쯤 뒤에 무사히 집으로 돌아왔다. 그
때만 해도 세상의 모든 이별과 재회가 예정되어 있어
서 배웅과 마중도 근사하게 계획할 수 있으리라 생각

했다.

20여 년이 지나 코로나가 온 지구를 휩쓸다 잦아들었을 무렵 어느 가을이었다. 어떤 낌새도, 예고도 없던 이별이 날카롭게 들이닥쳤다. 배웅하기는커녕 뒷모습조차 담을 수 없었다. 다녀온다고 말해놓고 아빠는 집으로 돌아오지 못했다. 몇 시간 전에 아빠랑 통화를 했다. 친구들과 점심 약속이 있어서 모처럼 외출한다고 하셨다. 잘 다녀오시라고 했다. 세 시간쯤 지났을까? 내가 아빠와 마지막으로 통화한 사람이어서 구급대원이 나에게 전화했다. 휴대전화의 주인과 어떤 관계인지 물었다. 지금 어르신 심폐소생술을 하는 중인데 호흡이 잡히지 않는다고 했다.

"우리 아빠 제발 살려주세요"라고 소리 지르는 것 말고는 뭘 해야 할지 몰랐다. 아빠는 구급차로 병원으로 옮겨졌지만 심장은 이미 멎은 뒤였다. 날 밝을 때 나랑 통화한 사람이 해가 지고 나니 이 세상에서 사라졌다고? 비현실적인 하루였다. 코로나 탓에 아빠는 오랫동안 집 안에서 지루한 하루하루를 보내셨다. 모든 노인들이 그랬듯이. 그날, 친구들과 식사하시려고 오랜만에 외출하셨다. 점심을 드시고 소화가 잘 안 된다며 먼저 자리를 뜨셨다고 한다. 집에 돌아오시다가 도로에 주차되어 있던 차를 잠깐 짚었고 비틀거리다가 바닥으로 고꾸라지셨다. 심장마비였고 주변에는 심폐소생술을 시급히 해줄 행인이 없었다. 그 후 나는 한동안 전화벨 소리가 두려웠고, 심정지로 쓰러진 사람을 지나가던 사람이 심폐소생술로 살렸다는 뉴스를 접할 때마다 자꾸만 그날이 떠올라 힘들었다. 엄마는 다 팔자라고 했지만, 동의하기 어려웠다. 그날 같이 식사하셨던 친구분들의 증언과 거리의 CCTV로 아빠의 마지막을 짐작할 수 있을 뿐이었다. 우리는 아빠의 마지막 모습을 CCTV로 확인할 수 있었다.

이별의 날이 미리 정해져 아빠도 정리할 시간을 갖고, 우리도 마음의 준비를 할 수 있었다면 슬픔도 나뉘어 그나마 감당할 수 있었겠지만, 우리는 속수무책으로 그 슬픔을 갑작스럽게 견뎌야 했다. 뒷모습이 보이지 않을 때까지 떠나는 이를 바라볼 수도 없었고, 손잡으며 온기를 느껴볼 수도, 마지막 인사말을 나눌 수도 없었다. 누구보다도 아빠가 제일 애석해하셨을 것이다. 가족을 그토록 유난하게 배웅하고 마중하는 분이셨으니. 남겨진 우리가 마음을 추스르는 데는 많은 시간이 필요했다. 마지막 이별에 대해 많은 생각을 했다. 그 시간은 예고 없이, 전조도 없이 무참히 다가올 수도 있다. 그러나 인간에게 그 시간을 선택할 권리는 없다.

죽음은 예측할 수 없기에 두렵다. 그것은 삶의 마지막이 아니라 삶의 한 부분이다. 언제라도 삶 한가운데로 들이닥칠 수 있다. 내가 아는 모든 이들과의 이별에는 준비할 시간이 주어지기를 소심하게 바라본다. 떠나는 이를 그 모습이 시야에서 완전히 사라질 때까지, 손바닥만 한 틈으로라도 오래오래 지켜보고 싶다.

# 동백

동백꽃을 무더기로 본 건 1월의 제주 서귀포 남원읍 위미리에서였다. 일본에서 들여온 품종인 애기동백나무 군락지였다. 어디를 돌아봐도 황량한 겨울 제주에서, 귤껍질을 말리는 공터에서 말고는 자연의 선명한 색깔을 볼 수 없었다. 위미리의 애기동백 군락지는 붉고 탱글탱글한 꽃이 나무마다 촘촘히 달려 있어서 사진을 찍으려는 관광객을 끌어모으기에 더할 나위 없었다.

그 추운 겨울, 혹독한 바람에도 나무를 빽빽이 메우고 있던 동백 덕에 겨울 꽃구경의 묘미를 느꼈다. 그때 군락지의 바닥이 눈에 들어왔다. 꽃이 송이째 떨어져 있어 마치 나무 주변의 빈틈에서 다시 꽃이 피는 것처럼 보였다. 처음에는 입장료를 받는 사유지라 관리자가 한껏 멋을 내려고 바닥도 꽃으로 장식한 줄 알았다. 사진을 찍는 중에도 난데없이 꽃송이가 툭툭 떨어졌다. 툭 떨어지고 마는 꽃송이가 아까웠다. 전혀 떨어질 것처럼 보이지 않을 만큼 생생하게 나무에 붙어 있다가 갑자기 땅바닥에 떨어지고 만다. 거꾸로 떨어진 꽃은 없었다. 수술이 하늘을 향한 채 땅에 내려앉았다. 수명을 다해서 떨어진 것 같지 않은 꽃이 땅에서도 한동안 생기를 유지하는 것이 동백의 성장 주기 같았다. 나무에 달린 것보다 떨어진 동백에 더 관심이 갔다.

입장료를 받는 애기동백 군락지 말고 현지의 가옥들 주변에도 동백나무가 많이 보였다. 토종 동백 같았는데 애기동백보다 꽃송이가 커서 바닥에 떨어질 때 나는 소리가 더 둔탁했다. 크든 작든 동백은 바닥에 떨어진 꽃도 나무에 붙은 꽃처럼 한동안 생기를 잃지 않았다.

겨울에 동백을 쉽게 볼 수 있어선지 제주에서는 동백꽃으로 만든 제품을 많이 팔았다. 동백기름이나 동백 비누뿐 아니라 동백꽃 그림이 들어간 엽서나 천 조각, 그 천으로 만든 가방이나 지갑, 마그넷, 배지 같은 것도 많이 팔았다. 처음에 그런 것들을 보았을 때는 동백꽃이 많이 피니 상품화를 한 줄 알았다. 그러나 그래서만은 아니었다.

제주 출신 서양화가인 강요배 화백의 그림 〈동백꽃 지다〉가 1992년 세상에 공개되었는데 4·3사건 당시 제주 곳곳에서 소리 없이 희생된 이들의 모습이 꽃송이째 차가운 땅에 떨어진 동백꽃을 연상시킨다고 했다. 이는 제주와 동백의 또 다른 연관성으로, 동백을 형상화한 기념품이 많은 이유이기도 했다.

언니가 제주에서 1년살이를 할 때, 관공서나 시립 미술관 등에서 동백 배지를 무료로 많이 배포했다. 그래서 그 배지를 여러 개 에코백에 달고 다녔다. 그 이야기를 듣고 나니, 동백꽃이 고혹적인 꽃으로만 보이지 않았다. 땅에 떨어진 동백꽃이 더 눈에 밟히고 안쓰러웠다. 그 감정은 나만의 것이 아니었다. 그 뒤로 동백나무를 만나면 바닥을 먼저 보게 되었고, 떨어진 꽃이 땅에 내려앉은 탄식처럼 보였다. 한창 붉고 탐스러울 때 동백꽃이 아무 조짐도 없이 떨어진다고 생각하니, 4·3의 비극이 자연스럽게 떠올랐다. 이제는 동백나무 근처에서 '툭' 소리만 들어도 가슴이 쿡 찔리는 듯하다. 꽃이 피었다가 금세 떨어지는 제주의 겨울은 찰나 속 짙은 슬픔을 머금고 있었다. 그 동백의 이미지가 오래 남아 작은 홑동백나무 화분을 사서 거실에 두고 길렀다. 겨우내 붉은 꽃 두 송이가 피었다. 그리고 며칠 후 툭 하고 떨어졌다. 마치 떨어지려고 피어난 듯이. 느닷없었다.

아버지가 돌아가신 해 가을, 나는 49재에 참석하느라 7주 동안 주말마다 친정으로 내려갔다. 첫 재에는 기차를 타고 내려갔다. 슬픔과 황망함이 가라앉지도 진정되지도 않은 시간이었다. 나는 마음이 요동칠 때 책 속으로 숨곤 했지만, 그때는 어떤 글도 눈에 들어오지 않았다. 그래서 오디오북을 하나 찾아 들었다. 혼자서 기차를 타고 집으로 돌아오는 길, 정재찬 교수의 책 『시를 잊은 그대에게』를 들었다. 저자가 직접 낭독한 오디오북이었다. 7주간 친정을 오가는 기차에서 그 책을 계속 들었다. 그중 특히 인상 깊었던 것은 김훈 작가의 『자전거 여행』의 한 대목이었다. 저자가 낭랑한 목소리로 읽어 내려가는 '절정에서 문득 추락해버린다'라는 문장이 가슴에 박히듯이 다가왔다. 이전에 읽었던 문장이었음에도 동백꽃에 대한 낭독이 머릿속 변연계를 깊숙이 건드렸는지 뒤통수가 뻐근할 정도로 슬펐다.

아버지는 거리에서 심장마비로 돌아가셨다. 어떤 주접스러운 모습도 없이, 땅으로 고꾸라지셨다. 그 모습을 떠올리니 제주에서 '툭' 하고 떨어지던 동백꽃이 생각났다. 그 후 동백꽃을 보면 '문득' 추락해버린 아버지를 떠올리게 되었다. 차가운 땅으로, 툭.

'문득'이라는 단어는 동백꽃 배지처럼 내 가슴속에 오래도록 박혀 있었다. '문득'은 어떤 행위가 갑자기 이루어지는 모양을 의미하는 부사다. 갑자기, 돌연히, 별안간, 느닷없이, 불시에 등과 비슷한 말이다. 손쓸 겨를도 없이 땅으로 떨어진 모든 것에 연민을 느꼈다.

어쩌면 살아가는 일이 모두 '문득'인지도 모르겠다.

# 라르고

퇴사 후에 하고 싶었던 일 중의 하나는 시간의 구애 없이 여행을 떠나는 것이었다. 나는 유럽으로 가고 싶었고, 그것이 버킷리스트 1번이었다. 마음만 먹으면 어디라도 갈 수 있었지만, 시간이 갈수록 여행에 대한 갈망은 사그라들었다. 가면 좋겠지만 안 가도 그만이었다. 그러던 즈음, 마침 퇴사한 친구와 함께 마감일에 쫓기듯 유럽 여행을 결심했다. 계속 미루다 선택한 시기가 2월이었는데, 겨울도 물러나길 주저하고 봄이 찾아온 것도 아닌 애매한 때였다. 막상 여행 갈 만한 곳을 찾기가 쉽지 않았다. 돈은 없어도 시간은 많았기에 시간만이라도 펑펑 쓸 곳을 찾았다. 춥지도 않고, 소매치기도 별로 없고, 물가도 싸다는 포르투갈로 떠나기로 했다.

포르투갈행 비행기표를 끊은 후 뭐라도 계획을 세워야 했지만, 친구도 나도 서로에게 미루듯 미적거렸다. 그저 떠난다는 것만으로 과제의 반 이상을 해치운 기분이었다. 스무 시간이 넘는 비행 시간과 12일이나 되는 체류 기간을 마음껏 낭비하고 싶었다. 친구에게 "우리 포르투갈 여섯 번째 온 사람처럼 다니자"라고 말했다. 계획표에 따라 빠듯하게 움직이고 싶지 않았다. 애써 찾아온 곳이니 뭐든 다 구경하고 다 먹어보고 가겠다는 욕심을 버리기로 했다. 여행에 대한 기대보다 떠난다는 사실 자체가 중요했기 때문이었다.

처음 가보는 곳이라 헤매지 않을 만큼의 정보는 필요했기에 가이드북을 하나 사서 비행기에서 읽은 것이 여행 준비의 전부였다. 자정이 넘은 시간에 인천에서 출발해 스무 시간 남짓 날아갔다. 한낮에 도착한 리스본 공항은 한적하고 소박했다. 미리 깔아둔 '볼트'라는 택시 앱으로 숙소까지 갈 택시를 불렀다. 곧 볼트에 택시가 근처에 도착했다는 알림이 떴다. 그런데 차량이 보이지 않았다. 나는 스마트폰을 쥐고 움직이며 차를 찾았고, 친구는 핸드폰을 쥐고 그렇게 움직이면 택시가 더 못 찾는다고 등 뒤에서 소리쳤다. 내 급한 성미도 이곳까지 따라와 땅에 발이 닿자마자 빨리 해결하라고 나를 닦달했다. 볼트로 부른 택시는 지정된 승차 장소가 있었는데 그걸 모르고 공항 밖에서 기다린 바람에 차를 못 찾았던 것이었다. 우여곡절 끝에 택시를 찾았고, 다행히 20여 분을 기다려준 택시 기사는 친절하게도 기다린 시간에 대해 불평하지 않았다. 볼트의 결제 명세를 보니 기다린 시간에 대한 비용이 청구되어 있었다. 나는 친절을 돈으로 산 것이었다. 불확실한 것을 빨리 해결해 보려고만 했으니 당황하고 팔다리만 고생했다. 천천히 주위를 둘러보고 차분히 했으면 될 일을.

이후에도 포르투갈의 박자와 내 박자는 자꾸만 어긋났다. 낯선 곳에서 긴장감은 내 조급증에 더욱 불을 지폈고, 불안감을 빨리 해소하고 싶었던 나는 작은 일에도 당황하여 계속 스트레스가 쌓였다. 내 마음과는 달리 포르투갈은 사람도, 심지어 자동차도 0.8배속으로 움직이는 듯했다. 식당이나 상점의 점원은 손이 느렸다. 음식은 늦게 나왔고, 말은 많았지만 계산이 느렸다. 사람들은 빨간불에도 건널목을 아무렇지 않게 건넜고, 당연하다는 듯이 차량들은 무조건 정지했다. 경적을 울리지도, 창문을 내리고 욕을 하지도 않았다. 신호등은 눈치 게임용으로 쓰이는 것 같았다. 관광지라 그런가 보다 했는데, 관광지를 벗어나서도 대중교통을 타서 보면 현지인들도 재촉하거나 미리 준비하려는 마음 자체가 없었다. '나도 기다려줄 테니 너도 기다려줘' 이런 분위기였다. 승객은 버스에 올라타고 나서야 동전을 세고 운전기사도 한참 잔돈 통을 흔들어서 잔돈을 세어 거슬러 준다. 승객들은 모두 그러려니 했다.

성질 급한 나는 그 모습이 비합리적으로 보였다. 대중교통이 칼같이 제시간에 도착하고 대부분을 예측할 수 있는 환경에서 살아온 탓이었다. 느려터진 인터넷도 갑갑하기는 매한가지였다. '나도 안 기다리게 할 테니 너도 기다리게 하지 마'가 내 생활 원칙이었기에 이곳의 느긋한 분위기가 처음엔 불편했다.

여행 중, 내 몸에 배긴 속도가 얼마나 빠른지 실감하게 된 일이 있었다. 우리는 구도심의 오래된 건물을 개조한 호스텔을 숙소로 잡았다. 그곳은 체크인을 비대면으로 했다. 체크인 시간이 되면 건물 공동 현관의 비밀번호와 예약한 방의 도어락 비밀번호가 메일로 온다. 체크인 시간이 되어 우리는 공동 현관의 잠금장치 비밀번호 여섯 자리를 눌렀다. 근데 문이 열리지 않았다. 다시 한번 메일을 확인한 뒤 버튼을 눌렀지만 열리지 않았다. 당황스러워 숙박 업체에 메시지를 보내려고 하다가 우리와 같은 건물의 투숙객으로 보이는 사람이 비밀번호를 누르는 걸 보았다. 난 비밀번호를 누르는 그의 손가락 각도와 박자, 리듬을 보고 단박에 깨달았다. 왜 우리 방 문이 안 열렸는지를. 그 사람이 들어가고 난 뒤 다시 닫힌 문 앞에서, 아까보다 반 박자 늦게, 번호와 번호 사이에 리듬을 타가며 버튼을 눌렀다. 아까는 123456을 격정적으로 눌러댄 후 바로 손잡이를 꺾어 문을 밀었다면, 이번엔 '1~2~3~4~' 반 박자 쉬고 '5~6~'이었다. 그러고는 0.5초 정도 기다리니 둔탁한 현관문의 잠금장치가 돌아가는 소리가 났다.

한국인의 박자에 맞지 않는 잠금장치 시스템이었다. 버튼을 누르고 나서 반 박자를 쉬어 기계가 어떤 요청인지 가늠할 시간을 줘야 했다. 기계도 느긋했다. 성질 급한 사람은 문을 열기가 힘들었다. 내 집 잠금장치는 우다다다닥 눌러도 0.01초의 지연도 없이 밝고 경쾌한 음향과 함께 풀린다. 거기에 너무 익숙해져 기계에 대한 나의 박자는 언제나 '우다다다닥'이다. 숙소 현관문의 버튼도 여유롭게 눌렀고, 바로 손잡이를 돌리지 않고 뜸을 들었다. 그랬더니 부드러운 소리를 내며 방문이 열렸다.

여행 기간 내내 이 리듬감을 몸에 익혀야 했다. 지하철 탈 때 교통카드도 여유 있게 터치해야 했다. 한번은 한국에서 하듯 카드를 찍고 들어갔더니 개찰구가 열리지 않았다. 이렇게 사소한 것부터 자각해야 했다.

난 되도록 빨리 불확실성을 없애야 직성이 풀리고, 예측할 수 있는 상황에서만 마음이 놓이는 유형이다. 한국에서는 유별나지 않은 빠르기였다. 한국 사람들은 대부분 '프레스토'(매우 빠르게)로 움직였기 때문이다. 나는 무언가를 하면서도 다음에 무얼 할지 끊임없이 생각했고, 그러다 보니 내가 지금 하는 일이 현재의 일인지 미래의 일인지 헷갈리기도 했다.

뭐가 됐든 이 여행이 '라르고'(아주 느리게)였으면 했다. 그렇지만 오랫동안 '프레스토'로만 살았던 나는 작은 것부터 훈련이 필요했다. 미리 준비하지 않아야 했다. 예측과 계획 없이 열흘만이라도 '라르고'고 지내고 싶었다. 늦게 일어나서 목적 없이 숙소를 나와 특별한 계획 없이 시간을 보내고 싶었다. 어딜 갈지, 뭘 먹을지 검색하지 않기로 했다. 그렇지만 내 성마름은 불쑥불쑥 튀어나와 나도 모르게 빠른 걸음으로 다음 목적지를 찾아가게 하고 있었다. 효율적인 동선을 찾아서.

같이 간 친구랑 따로 떨어져 지도도 안 보고 발길 닿는 대로 혼자 걸어 다닌 적이 여행 중 두어 번 있었다. 친구의 취향과 체력을 고려할 필요가 없어서 돌아가는 길도 마다하지 않고 목적 없이 다녔다. 불확실성은 의외의 것을 가져다주었다. 두리번거리다가 정류장에서 지나가는 트램에 무작정 올라타 기사가 알아서 요금을 가져가게끔 동전을 올려놓은 손바닥을 펼쳤다. 그 트램을 타고 도루강과 대서양이 만나는 해안까지 갈 수 있었다. 바닷가에 도착하니 날이 어두웠다. 아무도 없었지만, 무섭다기보다 고즈넉해서 여행 중 내게 꼭 필요했던 고요를 만났다. 천천히 걷다가 들른 카페에서 커피를 마신 일이 가장 기억에 남는 추억이 되었다. 어둠이 내려앉은 바닷가, 관광객 하나 없는 곳에 앉아 커피를 마시는 내 모습이 뜻밖이었다.

다음 날도 혼자서 길을 나섰다. 대지진으로 무너진 수녀원에서 지진을 경험했다. 처음에는 표지판이 흔들려 커다란 차가 지나가나 했는데 미약한 지진이 감지되었다고 실내에서 나가라는 것이었다. 그 바람에 놀라고 무서웠지만, 안내원이 가끔 있는 일이라며 안심시켰다. 대지진으로 리스본 건물의 85퍼센트가 붕괴되었던 곳에서 잠깐이나마 지진을 체험한 것이었다. 뼈대만 남은 수녀원 터에서 느꼈던 흔들림은 이상하게도 마음에 머물렀다.

우연히 포르투갈의 '국민 작가'인 주제 사라마구의 기념관에도 들렀다. 관람객이 나 하나뿐이었던 그곳을 천천히 구경했다. 꼭대기 층에는 아무도 찾지 않을 것 같은 서점이 있었는데, 그곳에서 일하는 청년의 모습은 그림같이 평화로웠다. 창밖으로 타구스강에 노을이 내려앉기 시작했고, 기념관 앞 사라마구가 잠든 자리엔 울창한 올리브나무의 그림자가 길게 드리웠다. 서두를 일이 없었으니 사람과 바람과 노을 속으로 깊숙이 들어갈 수 있었고, 그곳의 일부가 될 수 있었다.

효율성만 따졌다면 유명한 관광지나 줄 서는 맛집에 시간 맞춰 가기 위해 종종거렸을 것이다. 되도록 많이 보려고 계획적으로 동선을 짰을지도 모른다. 꼭 보거나 가야 하는 어마어마한 유적이나 관광지가 없다는 점에서 포르투갈은 내가 '여섯 번째 온 곳처럼' 다닐 첫 방문국으로 제격이었다. 다 둘러보지 못해도 아쉬울 게 없었지만, 그랬기에 더욱 기억에 남는 여행지였다. 다시 가보고 싶은 관광지가 아닌 '여행지'가 되었다.

여행에서 돌아와 주제 사라마구의 책 『눈먼 자들의 도시』를 정독했고, 리스본을 그리워하며 영화 〈리스본행 야간열차〉를 집중해서 보았다. 책도 영화도 포르투갈에 가보기 전에, 가게 될 줄 모르고 접한 적이 있었지만, 그때는 지루하고 재미가 없었는데 다시 들여다보니 '인생 책', '인생 영화'가 되고도 남음이 있었다.

영화에 '인생의 진정한 감독은 우연이다'라는 대사가
나왔다. 메모해두고 오래도록 되뇌었다.

여행은 불확실성의 빈틈으로 들어온 우연을 만나는
것이었다. 우연이야말로 여행의 궁극적인 목적이었다.
완벽히 낯선 것이므로. 효율적이지 않고, 계획에 어긋
나더라도, 살아가는 데 크게 지장이 없을 것 같다. 아
니, 계획대로, 예측한 대로만 산다면 세상만사 밋밋하
고 심심할지도 모른다. 조급함과 성급함을 누그러뜨리
고, 불확실성이 두려움이 아니라 가능성이 될 수 있음
을 깨달은, 인생의 전기가 된 여행이었다. 오래 추억할
것이다.

# 진입로

어느 라디오 프로그램에서 책의 한 구절을 소개하는 걸 들었다. 은유 작가의 『글쓰기의 최전선』이라는 책이었다. 그 구절을 들으면서 내가 오랫동안 글을 쓰고 싶은 '기분'만을 즐기고 있었다는 걸 깨달았다. 당장 그 책을 사서 펼치자마자 끝까지 읽지 않을 수 없었다. 작가에 대해 궁금해서 검색을 해보았다. 그러다가 SNS에서 '은유의 글쓰기 수업'이라는 클래스가 매년 진행됐음을 알게 되었다. 올해의 첫 수업이 다음 달부터 진행된다고 했다. 등록 안내를 자세히 살펴보았다. 수업 시간이 내 일정과 맞아서 주저 없이 등록했다. 고려하지 못한 건 집에서 수업 장소까지의 거리였다. 고속도로 세 곳을 거쳐 서부간선도로를 타고 성산대교를 건너야 하는 먼 길이었지만, 나는 시간이 꽤 많았기에 기꺼이 감당하기로 했다.

1월의 어느 날, 저녁 일곱 시, 망원동의 작은 책방에 학인(그 수업에서는 동료들을 이렇게 부른다)들이 하나둘 모이기 시작했다. 스물다섯 명이 정원이라고 했다. 좁은 책방에 옹기종기 자리를 잡고 앉았다. 그리고 각자 자기소개를 했다. 나는 이 글쓰기 수업이 이렇게 인기 있는 줄 몰랐다. 등록 공지가 뜨면 10분 컷이라는 말을 거기서 들었다. 나는 운 좋게 등록에 성공한 것이었다. 두 번째 듣는 사람도 있었고, 춘천, 부산에서 온 이들도 있었다. 수원에서 온 나는 명함도 못 내밀었다. 자기소개를 들어보니 은유 작가의 팬이 많았다. 책을 읽고 감명받아 나처럼 뭐라도 써보려고 등록한 사람도 있었다. 모인 사람들을 쭉 둘러보니 아무래도 내가 제일 연장자인 것 같았다. 나랑 연배가 비슷한 듯한 사람이 한둘 있긴 했지만, 대부분 이삼십 대였다. 다들 어떤 마음으로 이곳에 왔는지 간단히 대화를 나누었다.

다들 글쓰기의 갈망이 대단했다.

두 번째 수업부터 본격적인 글쓰기 수업이 시작되었는데, 세 명씩 돌아가면서 자신이 쓴 글을 낭독하고 나머지 사람들은 온라인 카페 게시판에 글을 올려야 했다. 다음 수업 때까지 주어진 글감으로 짧은 글을 쓰는 일이 쉽지 않았다. 글을 쓰고 싶은 기분만 내는 것이 아니라 실제로 글을 써서 학인들이 보는 게시판에 올려야 했던 것이다. 내가 사는 동네의 책방에서도 글쓰기 수업이 열렸지만, 거기는 아무래도 홈구장 같은 편안함이 있었다. 나와 비슷한 연배에, 비슷한 곳에서 장을 보고, 비슷한 산책로를 다니며, 비슷한 주말을 보내는 동네 사람들과 함께했기에 부담이 적었다. 여기서는 나랑 공통점이 별로 없어 보이는 스무 명 넘는 사람 앞에 내가 쓴 글을 보이기가 두려웠다. 적당한 주제가 떠오르지도 않았고, 『글쓰기의 최전선』이라는 작가의 책을 보고 찾아왔기 때문에 그 책에서 말하는 대로 써야 할 것 같은 부담감도 있었다. 의미를 담아서 글을 써야 한다는 첫날의 수업에도 불구하고 의미가 뭔지, 그걸 어떻게 글에 담아야 하는지 알 수가 없었다.

수업 전날, 마감 시간이 다가오자 게시판에 글들이 올라오기 시작했다. 글을 올리기 전에 다른 이들의 과제를 보았다. 다들 어떻게 썼는지 궁금했다. '너무 솔직한데?', '이런 것도 써도 되나?' 이런 생각이 먼저 들었다. 자기 이야기를 스스럼없이 쓰는 걸 보고 나는 뭔가 숨기는 것 같아서 치부를 더 드러내야 하나 싶었다.

본격적인 수업 날, 이번에는 집에서 두 시간 전에 출발했다. 지하철을 세 번 갈아탔다. 멀었다. 하지만 부산에서도 온다는데, 하면서 글쓰기 수업 가는 날을 여행 가듯 즐기기로 했다. 스물다섯 명이 정원이었지만 글을 올리는 인원은 스무 명이 안 되었다. 글감이 주어지긴 했어도 비슷한 생각, 비슷한 상황이 담긴 글은 하나도 없었다. 세 명의 발표자가 글을 낭독했고, 그다음에 합평이 시작되었다. 나는 뭐라고 말해야 할지 몰랐다. '힘든 시간을 잘 견디신 것 같아요'라고 한 게 다였다. 글쓰기만큼 다른 이의 글을 평하는 것도 어려웠다. 끝나고 집으로 돌아가는 길, 어느 학인이 낭독한 글이 생각났다. 짧은 글이었고, 정제되지 않았지만, '아빠를 신고했다'라는 문장이 오래 남았다. 삶은 도대체 무슨 짓을 하는 걸까?

수업이 있는 날마다 그해 겨울의 최저 온도를 경신했다. 영하 12도였던 날이었다. 세 번째 수업 때도 학인들의 글은 묵직하고 힘겨웠다. 한 학인의 '스트레스성 폭식 장애'라는 글 때문에 또 한참 괴로웠다. 그것은 이삼십 대들의 현실적인 고민을 마주했기 때문이기도 했다. 자식뻘인 젊은이들의 고민을 들여다보게 되어서 그런지 엄마의 마음이 되어 아팠다. 그들이 쓴 글을 통해 가정 폭력, 우울 장애, 열정 페이와 정상 가족 이데올로기 같은 문제들을 생생하게 대면했다.

내가 쓸 글은 여전히 의미를 담지 못한 채 지지부진했다. 게시판에 올라오는 학인들의 글은 열심히 읽었다. 글쓰기 수업을 들으러 갔다가 남이 쓴 글을 읽고 듣는 데만 골몰했으니, 내 글쓰기가 나아질 리 없었다. 매주, 글쓰기 수업을 들으러 가는 길은 은유 작가의 책에 나온 문장처럼 '다른 삶의 이력과 마주하러' 가는 시간이었다. 타인의 이야기를 듣는 일은 낯선 곳을 여행하는 것과도 같다는데, 그 낯선 곳이 매섭도록 춥기만 해서 힘겹기도 했다.

수업이 열리던 그 작은 책방은 사람을 통해 들어가는 세상의 진입로였다. 그 진입로에서 어정거리며 생각했다. 나는 도대체 무엇을 써야 하는가? 무엇을 쓰고 싶은가? 왜 글을 쓰려고 하는가? 늦어버린 질문들이었다. 어떤 자극과 연민, 영감으로 머릿속이 복잡하고 가슴은 답답한데, 무엇을 쓰고 싶은지는 왕복 세 시간 거리를 왔다 갔다 하며 생각해도 쉽게 떠오르지 않았다.

그 후 한 달 남은 수업에 참석하지 못했다. 친정인 대구에 한동안 내려가 있어야 했다. 엄마가 작은 사고를 겪었기 때문이었다. 수업은 1월의 차가운 날들을 통과하여 봄이 오는 3월에 마무리되는 일정이었다. 나는 봄기운이 나는 망원동에는 갈 수 없었다. 친정에서 나중에 글로 쓰게 될지도 모를 삶을 감당하고 있었기 때문이다. 두 달여 동안 타인들의 솔직한 고백만 들었을 뿐 내 고백은 하지 못했다.

그 겨울, 나를 통과했던 짧은 글들이 간혹 떠오른다. 사람은 왜 상처를 글로 쓰고 싶어 하는 걸까? 깊은 상처를 가슴에 품고 위로와 공감을 열망한 나머지 쓰지 않고는 못 견디겠는 걸까? 그들에게 글쓰기가 치유의 과정이 되었을지 궁금하다. 어떻게 글을 써야 할까 묻기 위해 수업에 등록했지만, 내가 왜 글을 쓰고 싶어 했는지 한없이 고민만 했던 반 토막짜리 겨울 수업이었다. 다시 따뜻해지기까지는 시간이 걸렸다.

# 3부

# 봄, 계속

# 고사리

안식년을 맞은 언니는 제주도에서 한달살이를 시작했다. 몇 주 살다 보니 그곳에서 여름만 보내기엔 아쉬울 것 같다면서 연세로 다시 계약을 해버렸다. 언니의 제주 1년살이를 누구보다 더 바랐었다. 언니가 제주에 살면 주말에는 언제든 불쑥 갈 수 있을 터였다. 한 달만 살면 부지런히 움직여도 주말 네 번밖에 못 갔을 텐데, 1년을 산다고 하니 내년까지 제주의 사계절을 모두 누릴 수 있을 것 같아 덩달아 설레었다. 나는 8월부터 격주로 제주도에 내려갔다. 토요일에 가서 월요일 오전에 올라와 바로 출근하는 일정을 반복했다.

언니 집에는 모든 게 다 있었으니, 짐을 쌀 필요도, 숙소를 구할 필요도 없어서 마실 가듯 비행기를 타러 가면 되었다. 여름에는 공항에서 가까운 해수욕장에 갔다. 언니 차의 트렁크에는 파라솔, 매트, 슬리퍼가 들어 있었다. 가을엔 억새를 보러 오름에 올라갔고, 겨울에는 동백꽃을 구경하고 대방어를 입에 넣었다. 계절을 돌아 해가 바뀌었을 때 언니는 내비게이션 없이도 제주 여기저기를 운전해서 다녔다.

제주도의 겨울은 지루하고 길었다. 육지처럼 시리게 춥지는 않았지만, 눈이 자주 내리고 바람이 많이 불었다. 다른 계절의 날씨도 맑고 쾌적하지만은 않았다. 습하고, 비가 억수같이 오기도 했다. 내려가는 주말마다 날씨 복이 있기를 바라야 했다. 여름과 가을, 겨울을 제주에서 지내보고, 계절의 여왕인 봄을 애타게 기다렸다. 하지만 3월이 되었는데도 바람만 세차게 불어댔다. 꽃을 피우기 위한 꽃바람이라지만 그렇다기엔 지나치게 휘몰아쳐 제주가 바람의 섬이라는 것을 다시 한번 깨달았다.

유채꽃이 필 무렵이 되자 빨리 구경 다니고 싶었지

만, 비가 장마 때처럼 내렸다. 하지만 장마라기에는 강우량이 적고 자욱이 안개가 꼈다. 언니는 그 시기를 '고사리장마'라고 했다. 몇 주간 비가 부슬부슬 계속 내리는데, 다 내리고 나면 고사리가 지천에서 쑥쑥 올라온다고 했다. 언니가 도민으로 생활하지 않았다면 몰랐을 사실이었다. 도민들은 이 장마가 끝나면 본격적으로 고사리 채집을 나선다고 했다.

이즈음에 제주를 돌아다니다 보면 도로의 애매한 곳에 차들이 많이 주차되어 있었다. 언니도 궁금해서 차를 세우고 사람들 틈으로 들어가 자연스럽게 고사리를 땄다고 했다. 생각보다 재미나서 이번 봄에는 고사리로 한몫 잡아보고 싶다고 했다. 고사리를 어디서 딸 수 있는지 물어볼 필요가 없었다. 뜬금없는 곳에 차들이 쭉 주차되어 있으면 그 근처에는 고사리가 지천이었다. 그래도 조심해야 했다. 어디가 어딘지 모르고 정신 없이 고사리를 따다 보면 자기도 모르게 산속 깊이 들어가 길을 잃는다. 이런 사고가 자주 발생해서 이 시기에는 경찰과 소방서가 비상이라고 했다. 고사리 때문에 제주도가 들썩거린다니!

그맘때 부모님도 언니의 제주 집에 머물면서 수시로 고사리를 따러 다녔다. 내려서 보니, 토시를 끼고 긴 양말을 바지 위로 끌어 올린 세 식구는 전문 채집꾼들 같았다. 주말에 내려갈 때면 언니가 고사리 핫스폿을 물색해 놓고, 초보 채집꾼인 나에게 고사리를 어떻게 따는지 가르쳐주었다. 부모님과 언니는 평일에 이미 여러 번 손맛을 보아서 부쩍 자신감이 붙어 있었다. 제주도에서 나는 고사리는 모두 주인이 따로 없었다. 따 가지고 가는 사람이 임자였다. 국산 고사리는 비싸다. 제주 고사리는 특히나 상품인데 부지런만 떨면 공짜로 얻어 갈 수 있었다.

오늘은 머체왓으로 가기로 했다. 아직 많이 알려지지 않았을 때라 머체왓에는 사람이 별로 없었다. 아는 사람들이나 들르는 곳이었는데 언니가 주중에 가보고는 주말에 내가 내려오면 다시 같이 갈 계획을 잡은 것이었다. 머체왓 산책로 주차장에 차를 대고, 네 식구는 일사불란하게 진드기 기피제를 뿌린 뒤에 흩어졌다. 언니가 너무 깊이 들어가지 말고 서로가 보이는 데서 작업하라고 했다. 엄마 아빠도 각자 봉지를 하나씩 들고 고사리를 따기 시작했다. 처음에는 고사리를 찾기가 쉽지 않았다. 조금씩 눈에 띄기 시작하고 그걸 하나씩 똑똑 꺾어서 봉지에 담다 보니 감이 잡혔다. 나도 모르게 집중이 되었다. 쉬지 않고 그곳에 있는 고사리를 다 따고 싶었다.

머체왓은 넓은 초원이었다. 옆에는 말을 키우는 목장이 있고, 계곡이 흐르는 깊은 숲이 시작되는 곳이었다. '머체'는 제주도 말로 용암이 굳어진 돌을 의미하고 '왓'은 밭을 뜻한다. 사람의 발길이 닿지 않아 태고 숲의 모습을 간직한 곳이었다. 며칠 전 비가 내려서 물 냄새와 나무 냄새가 섞인 공기가 코로 들어와 허파로 바로 돌진하는 것 같았다. 이곳에 있으면 숨도 게을리 쉬게 될 것 같았다. '똑' 하고 고사리 뜯기는 소리만 들릴 뿐, 한낮인데도 주위는 더없이 고요했다.

사람 없는 원시림에서는 고사리 때문만이 아니라 덩굴식물과 삼나무, 편백 들을 둘러보다가도 길을 잃을 수 있었다. 편백의 울창한 틈으로 햇빛이 겨우 새어 들고, 화산이 폭발해서 흘러넘친 용암이 굳은 돌은 한때는 액체였음이 확실해 보이는 형상을 하고 있었다. 그

위에서 자라고 있는 이끼의 대단한 생명력이 느껴졌다. 비에 젖은 원시림은 아무리 작은 소리도 다 흡수할 것 같았는데, 한 번도 들어본 적 없는 새소리가 다른 층위에서 울리는 것 같았다. 숲 옆 목장의 조랑말, 원경으로 둘러쳐진 오름, 그 사이에서 고사리를 따고 있는 나까지⋯⋯ 이래서 제주를 '환상의 섬'이라고 하는 건가? 환상 속인 듯 아득해지고 말았다. 깊은 명상의 세계로 빠져들었다. 나무가 뿜어내고 있는 공기가 보이고, 싹이 올라오는 소리가 그윽했으며, 나뭇잎에 고였던 물이 바람에 떨어질 때의 청량함이 눈에 보였다. 소리는 보이는 것 같고 냄새는 들리는 것 같았으며 피부로 느껴지는 감각은 달콤했다. 이 환상이라는 것은 오감이 뒤엉켜 발휘되는 벅참이었다. 깊이 숨을 들이마신 후 발끝까지 내쉬었다. 여기가 천국인가 싶을 만큼 평화로웠다.

당시에 나는 언니만큼이나 제주도가 안식처 같았다. 삶이 도통 맘에 안 들어서 리셋하고 싶은 마음이 간절했다. 뭣 하나 만족스러운 상태가 아니어서 권태로운 일상을 벗어나 어디론가 멀리 도망가고 싶었다. 고사리를 따고 있으니, 그동안의 잡념과 고민이 뜯겨나가는 것같이 머리가 맑아졌다. 고사리를 따던 비 온 뒤의 인적 드문 깊은 숲의 촉촉한 공기가 나의 시름까지 빨아들이는 것 같았다. 고사리를 따던 손맛, 싹이 올라오는 소리마저 들릴 듯한 적요, 고사리를 따며 잠시 도민의 삶, 환상의 섬, 혹은 내세를 체험한 것 같았다.

언니가 깊이 들어가지 말라고 소리쳐서 봉지에 담긴 고사리를 추슬러 숲 밖으로 나왔다. 어느새 봉지는 통통한 고사리로 가득 차 있었고 다른 식구들의 봉지도 마찬가지였다. 그게 어찌나 재밌고 만족스러운지 고사리 철이 다 가기 전에 더 많이 따고 싶은 욕심이 생겼다. 네 사람이 뜯어 온 고사리를 한데 모았더니 꽤 많은 양이었다.

나는 고사리 수확 철에 한 번 나가본 것이었지만, 부모님과 언니는 한동안 고사리를 따러 다녔다. 꽤 많이 모았다. 그걸 집으로 가져가 아빠가 삶아서 물기를 빼고 햇볕에 늘어놓았고 식품 건조기로도 말렸다. 그렇게 수북하던 고사리가 말리고 나자 부피가 10분의 1로 줄었다. 허무하기는커녕 부피가 줄어들어 오래 보관하기 좋을 것 같았다. 아빠가 그걸 소분해서 지퍼백에 넣어 나에게도 몇 봉지 챙겨 주셨다. 물에 불려 삶은 다음에 볶아서 먹으라고 했다. 나는 귀찮기도 하고 할 줄도 몰라서 그걸 냉동실에 넣어두었다. 책갈피에 끼워놓은 나뭇잎처럼 냉동실을 열 때마다 머체왓의 봄이 떠올랐다.

친정집 냉장고 속 남은 고사리는 1년 후 아빠의 첫 기일 제사상에 올렸다. 제주살이를 끝낸 언니가 일상으로 돌아오고 1년이 지난 뒤였다. 그 2년간 우리 식구에게는 슬픈 일이 많이 있었다. 그중에서 가장 큰 일은 아빠의 갑작스러운 죽음이었다. 아무런 준비가 되어 있지 않았고 상상해본 적도 없는 아빠의 부재 앞에서 불과 1년 전 제주도에서의 추억이 더욱 또렷해지고 선명해졌다.

이 글을 쓰기 위해 그때 찍어둔 사진을 찾아보니 엄마와 아빠는 너무 건강하셨고 나와 언니도 젊고 활기차 보였다. 언니의 제주살이 덕분에 사계절 내내 다양한 장소에서 찍은 1000여 장의 사진과 우리가 갔던 장소를 메모한 구글맵이 내 핸드폰에 저장되었다. 친정 식구들과 즐거워했던 시간이 고스란히 건조되어 저장된 것 같다.

　내 집 냉동실에 있는 고사리는 물에 불려서 삶으면 통통한 고사리로 돌아갈 것이다. 우리 식구가 고사리를 따던 그 시간으로도 돌아가 볼 수 있다면 얼마나 좋을까. 그리고, 아빠는 머체왓같이 평화로운 곳에서 편히 쉬고 계셨으면 좋겠다.

　제주도에서 고사리장마가 끝나갈 즈음에 내가 사는 육지에는 벚꽃이 흐드러지게 피기 시작한다.

# 연못

　강지리 고모는 아빠의 사촌 누나였고, 외할머니의
계 모임 친구였다. 나의 엄마와 아빠를 맺어준, 어찌
보면 내 탄생 설화 속 단군 같은 분이다. 강지리가 광
주리라는 것을 중학생이 되어서야 알았다. 강지리는
광주리의 사투리였는데 흔하게 쓰는 말이 아니라 처음
엔 그 뜻을 몰랐다. 고모의 장남(촌수를 따지면 재종형제
로 육촌 오빠가 된다)이 세 살 무렵에 자주 앓고 허약해
점집에 갔더니, 광주리에 아이를 담아서 동네를 돌며
이웃들이 던져주는 먹을거리를 받아 아이에게 두고두
고 먹이라고 했다 한다. 그 장남이 지금은 환갑이 넘었

으니 아주 오래전의 일이다. 고모는 몇 날 며칠 점집에서 시킨 대로 했고, 그래서인지 장남은 튼튼하게 잘 자랐다. 그 후 고모의 별명은 광주리, 아니 강지리가 되었다.

가까운 삼촌들 건너뛰고 이 강지리 고모를 오래도록 그리워하는 이유는 초등학교에 입학하기 전, 엄마가 퇴근하기 전까지 고모 집에서 시간을 보냈기 때문이다. 여섯 살이었다. 내 유년의 기억 대부분은 강지리 고모 집에서 형성되었다.

아빠는 사우디아라비아로 일하러 나갔다. 1980년대, 중동의 건설 시장이 어마어마한 호황이던 시절이었다. 엄마 혼자서 아홉 살, 여섯 살짜리 두 자매를 먹이고 씻기고 입혀야 했는데 살림살이가 빠듯하니 근처 섬유 공장에 나가서 메리야스를 자르고 꿰매는 일을 했다. 큰딸은 학교에 다녔지만 여섯 살짜리는 혼자 집에 있어야 해서 근처에 살던 강지리 고모 집에 맡겼다. 강지리 고모 집에는 20대인 오빠와 대학생 언니, 그리고 고등학생 막내 오빠까지 세 남매가 있었다. 나하고는 나이 차가 많이 나서 같이 놀 자리는 아니었지만, 나는 언니 오빠 들을 졸졸 따라다니며 귀찮게 굴곤 했다.

강지리 고모는 나를 아기라도 되는 듯이 돌봐주었다. 김치를 물에 씻어서 밥 위에 올려주었고, 종이 인형을 정성스레 오려주었다. 여러 벌의 옷과 소품을 오리는 일은 여간 섬세한 작업이 아니었을 것이다. 고모는 종이 인형의 팔 부분을 특히 신경 써서 오렸는데, 가방을 인형의 팔에 매달기 위해서였다. 돋보기를 끼고 종이 인형을 오려주던 고모의 모습이 지금도 눈에 선하다. 어린 눈에도 한없이 다정하고 따스해서 고모를 위해서라면 무엇이라도 할 수 있을 것만 같았다.

지금으로 말하면 '인싸'였던 고모는 매달 한두 번 계 모임에 나가셨다. 나는 고모를 자주 따라갔고, 그 덕에 여섯 살짜리에겐 낯선 음식들을 먹어볼 수 있었다. 지금도 강렬하게 기억하는 건 달걀에 찍어 먹었던 불고기다. 그 기억 때문인지 불고기를 먹을 때마다 나는 그때를 떠올리며 달걀을 하나 깨곤 했다. 아마 일본의 스키야키를 우리 입맛에 맞게 변형한 음식이었을 텐데 어릴 적 내게 그 음식은 문화 충격에 가까웠다. 고모는 계 모임을 하러 다양한 식당에 갔다. 그곳에서 친구분들이 날 보고 누구냐고 물으면 고모는 늦둥이 딸이라고 했다. 나는 아니라고 하지 않았고, 그분들이 먹어보라고 건네는 음식들을 쑥스러워하며 입에 넣고 오물거렸다.

여섯 살짜리 어린것이 귀찮았을 만도 한데 고모는 나를 여기저기 데리고 다녔다. 평생의 소울푸드를 만난 것도 고모 덕분이었다. 그것은 시장에서 큰 스테인리스 대야에 삶아 팔던 소라였다. 고모가 데리고 간 시장은 우리 동네 시장보다 훨씬 컸다. 골목 한복판에 삶은 소라를 파는 좌판이 줄지어 있었다. 고모가 나를 좌판 의자에 앉히고 한 접시를 시키면 뜨끈하게 삶긴 소라 몇 개가 아이가 먹기 좋게 잘려서 접시에 놓였다. 나는 여섯 살에 삶은 소라를 초고추장에 찍어 먹는 경지에 올랐다. 여섯 살 평생 최고의 맛이었다. 한동안 그 맛이 가끔 그리워서 고향에 갈 때마다 그 소라 난전을 찾아가 보곤 했다. 내 식도락은 고모로부터 형성되었다.

아직도 고모의 집이 또렷하게 기억난다. 정작 내가 살던 집은 기억에 없지만. 마당이 있는 양옥집이었다.

오빠 언니 들의 방이 마당으로 연결되어 있었고, 집의
중심에는 안방과 대청마루를 깐 거실이 넓게 자리했
다. 마당에는 지름이 1.5미터쯤 되는 작은 연못이 있었
다. 아마 처음에는 잉어나 금붕어를 키우려고 만들었
을 텐데, 관리하기가 힘들었는지 물고기는커녕 물이
차 있었던 적도 없었다. 그래도 연못의 용도로 만들어
졌으니 배수 시설이 되어 있어서, 고모는 그곳을 외부
욕실로 썼다. 대야와 비누, 때수건을 갖다놓고 쪼그려
앉아 그곳에서 손발을 씻고 걸레도 빨곤 했다.

고모는 세수할 때 하얗게 비누 거품을 내서 얼굴 가
득 묻히고 문질렀다. 때수건으로 박박 밀기까지 했다.
마당에 핀 샐비어 꽃꿀을 따 먹으면서, 나도 저렇게 씻
길까 겁이 나, 멀찌감치 떨어져 쳐다보곤 했었다. 눈도
피부도 따갑지 않을지 염려가 되었다. 고모의 성격이
드러나는 장면이라 오래 기억에 남았다. 고모는 매사
그렇게 박박 문지르고 닦았다. 그래서 대청마루도 반
질반질했고, 부엌살림도 윤이 났다.

당시 많은 주부들처럼 고모도 부업으로 생밤을 깎거
나 청포도 사탕을 포장했다. 규격에 안 맞게 깎인 생밤

이나 부서진 청포도 사탕은 따로 모아 나에게 주었다. 나는 못생긴 밤이랑 청포도 사탕 부스러기를 질리도록 먹었다. 고모네 동네가 익숙해지면서 혼자서 밖으로 놀러 다니기 시작했다. 또래 친구도 사귀었는지 기억 나지 않지만, 고모의 살뜰한 보살핌에 외롭지도 지루하지도 않았다. 오후에는 고등학생이던 오빠가 구멍가게에 가서 크림빵을 사 오라고 심부름을 시켰고, 그 심부름을 해주고는 크림빵 귀퉁이를 얻어먹는 재미가 쏠쏠했다. 요즘 다시 나오는 '삼립 크림빵'만 보면 신나서 심부름 가던 여섯 살의 내 모습이 저절로 떠오른다.

고모 집에서 조금 걸어 나오면 놀이터가 있었다. 당시에도 그만한 아이가 혼자 나와 노는 일이 드물었는지 아니면 그날만 그랬는지, 나는 혼자서 미끄럼틀도 타고 그네도 탔다. 그때 어떤 아저씨가 다가오더니 물었다.

"아빠는 언제 오셔? 엄마는 어디 있어? 뭐 좋아해?"

심심하던 차에 아저씨의 질문에 있는 그대로 종알종알 다 대답했다. 아마 그 아저씨가 표적으로 삼기 좋겠다 싶은 대답만 골라 했던 것 같다. 그 시절, 우유로 만든, 아니 우유 맛이 나는 아이스바를 참 좋아했는데, 아저씨가 그걸 사주겠다고 같이 가자고 했다. 대답을 잘해서 사주려나 보다 싶어 별 의심 없이 따라나섰다. 놀이터를 나와 오른쪽으로 가야 구멍가게가 나온다. 오빠 심부름으로 여러 번 크림빵을 사러 가봤기 때문에 구멍가게의 위치를 확실히 알았다. 근데 그 아저씨는 나와 멀찌감치 떨어져 왼쪽으로 가는 것이었다. 좀 똘똘했더라면 "아저씨 오른쪽으로 가야 해요"라고 큰소리로 외쳤을 텐데 아무 말도 못 하고 따라갔다. 이상했다. 저만치 나와 거리를 두는 것도, 가게와 반대편으로 가는 것도. 용기가 있었더라면 냅다 도망을 갔을 텐데 그러지도 못했다. 그냥 울었다. 울면서도 걸음을 멈추지 못했다. 그러자 몇 걸음 앞서가던 아저씨가 돌아보며 집에 가라고 했다. 왜인지 모르게 울음이 더 크게 나왔다. 울면서 고모 집에 가 어떤 아저씨가 같이 가자고 했다면서 스스로 따라가놓고선 억울하다는 듯 울어댔다. 집에는 학교에서 돌아온 내 언니와 육촌 큰오빠가 있었는데, 큰오빠가 울면서 들어오는 나를 보고는 "어디서? 어떤 놈이?" 하더니 "내가 혼내주고 올게"

하면서 언니와 함께 골목 밖으로 뛰어나갔다. 그러더니 5분도 안 돼서 돌아와 말했다. "혼내주고 왔어. 다시는 근처에 얼씬도 하지 말라고 했어." 여섯 살짜리이긴 해도 날 바보로 아나 싶어 어이없었지만, 그 거짓말에 안도했고, 진정도 되었다.

만약 그때 울지도 못하고 그 아저씨를 따라갔으면 어떻게 되었을까? 당시 빈번히 일어나던 유괴 사건의 피해자가 되어 돌아오지 못했다면? 어설펐던 그 유괴범은 이후에도 누군가를 노렸을까? 이후에 근처에서 유괴 사건이 일어나지는 않았으니, 마음을 고쳐먹었을까? 시간이 지난 후, 고모 집 식구들도, 우리 언니도 그 일을 기억하지 못했다. 육촌 큰오빠가 사준 우유 맛 아이스바를 입에 무니, 당시에는 나에게도 아무것도 아닌 일이 되긴 했다.

내가 일곱 살 때 우리 집은 이사를 해서 고모 집에서 멀어졌다. 그리고 나는 초등학교에 입학했다. 아빠는 아직 사우디아라비아의 더위 속에 있었고, 엄마는 여전히 재봉 일을 다녔다. 언니는 4학년이 되었다. 학교에서 돌아오면 언니가 집에 올 때까지 혼자 놀이터에서 놀아야 했다. 새로 이사한 집은 깨끗했고, 놀이터에는 높은 미끄럼틀이 있었지만, 나는 고모 집이 그리웠다. 물이 없던 연못도, 그곳에서 거친 조약돌로 발뒤꿈치를 피 나도록 밀던 고모도. 이번 달 계 모임에서는 어디서 뭘 드셨을지도 궁금했다.

점점 자라면서 고모 집을 잊어갔고, 나는 고등학생이 되었다. 어느 날 강지리 고모가 돌아가셨다는 소식을 들었다. 너무 놀랐다. 힘이 넘쳐 뭐든지 박박 문질러대던 고모가 아프셨다니, 그것도 모르고 돌아가셨다는 소식을 갑자기 듣자 내 무심함에 너무나 죄송한 마음이 들었다.

그때 나는 장례식장에도 가지 못했다. 학교에 가야 해서 어른들만 다녀왔던 것 같다. 아빠는 고모가 부쩍 큰 내 모습을 보셨으면 얼마나 좋아했을까 하면서 흘리듯 말씀하셨는데, 그 말에 오래도록 가슴이 아렸다.

강지리 고모의 딸, 그러니까 그때 대학생이었던 육촌 언니를 최근에 사촌 동생 결혼식에서 만났다. 언니는 벌써 손자를 둔 할머니가 되어 있었다. 처음에는 못 알아봤다. 그런데 찬찬히 보니 언니 얼굴에 고모 얼굴이 보였다. 너무 반가워서 내가 기억하는 고모 집 추억을 쉴 새 없이 얘기했다. 언니도 나도 너무 아득하기만 했다. "그래, 우리 엄마, 지금 내 나이 때 돌아가셨으니……" 언니가 말했다. 그랬다. 지금의 육촌 언니 나이의 고모 얼굴을 난 알지 못했다.

5월만 되면 고모 집의 울타리에서 피어나던 검붉은 장미 넝쿨이 떠오른다. 그때마다 다 크고 나서는 자주 찾아가 뵙지 못한 내 무심함을 속죄하는 심정이 된다. 강지리 고모는 내 유년 시절의 전부였다. 다른 것들은 다 잊어도 고모 집만은 잊히지 않는 것은 그 집이 내가 자란 곳의 첫 풍경이자 시원이기 때문이다.

# 수선화

엄마는 저녁 여섯 시만 되면 집에 가자고 했다. 4월
에는 그 시간에 일몰이 시작되었다. 창문도 보이지 않
는 침대에서, 매번 같은 시간에 집에 밥하러 가자고
했다.

"엄마, 집에 가서 누구 밥 하려고?"

그러면 퇴근하는 언니의 밥을 차려줘야 한다고 했
다. 언니는 퇴근 후 이곳 병원으로 올 예정이었다.

"언니 이따가 병원으로 오잖아."

"아, 이리로 온다고? 내 여기 있는 거 아나?"

그러면서 잠잠해졌다. 언니가 병원에 오면 이제 다

같이 집에 가자고 한다.

"집에 아무도 없는데 뭐 하러 가게?" 하고 물으면 빨래도 해야 하고, 창문도 안 닫은 것 같아 걱정된다고 했다. 어제도 같은 패턴의 대화가 오갔다. 그저께도. 엄마가 집에 가자고 할 때마다 언니와 나는 어제와 비슷한 말로 달래고 역정도 냈다.

엄마는 한 달 전, 넘어져서 골반이 부러졌다. 수술하고 3주째 병원에 입원 중이었다. 뼈만 부러졌다면 요양보호사의 도움을 받아 입원 생활을 하면 된다. 자식들도 수시로 찾아보기만 하면 될 일이다. 실제로 대부분 노인 환자들이 그렇게 입원 생활을 견딘다. 언니는 엄마랑 같이 살지만 직장 일로 바빴고, 나는 친정에서 멀리 떨어져 살았으며, 동생은 곧 태어날 조카를 맞이할 준비로 정신이 없었다. 엄마는 알츠하이머병 초기였다. 병원 생활이 낯설어 단기 기억상실 증세가 더 악화했다. 수술 후 통증이 점차 사라지자, 뼈가 부러져서 수술했다는 사실을 자꾸 잊어버렸다. 그래서 엄마를 병원에 혼자 둘 수가 없었다.

입원 첫날, 언니가 간호사와 요양보호사에게 엄마를

부탁하고 다음 날 출근을 위해 집으로 갔다. 그날 밤에 엄마가 섬망 증세로 링거를 모두 뽑으며 집에 가겠다고 소란을 피웠다. 결국 새벽에 언니가 부리나케 병원으로 달려가야 했다. 몇 달 전 퇴사한 나는 언니나 동생보다 시간 여유가 있어 친정으로 내려가서 언니와 함께 엄마를 돌보기로 했다. 언니가 직장에 나가 있는 동안 엄마 옆에서 이것저것 챙겼다. 퇴근한 언니가 병원에 오면, 나는 친정집으로 돌아가 집안일을 하고 언니가 출근하기 전에 다시 병원으로 왔다. 그리고 주말이 되면 내 집으로 돌아가는 일상이었다. 그런 식으로 병원 생활을 한 지 3주쯤 되었는데도 여전히 엄마는 저녁 여섯 시만 되면 집에 가자고 했다. 휠체어에 엄마를 태우고 병원 복도를 왔다 갔다 하면서 다리 깁스, 허리 깁스 한 사람을 가리키며 엄마도 얼마 전까지 깁스를 하고 있었다고 알려주었다.

"엄마도 골반을 나사로 박아놓은 상태라 움직이면 큰일 나"라며 엄마가 곧 까먹을 말을 했다. 엄마의 머릿속이, 부러진 골반 상태보다 더 궁금했다.

언니는 엄마도 신경 써야 하고 직장 일도 많았는데

동생을 덜 고생시키려고 안간힘을 썼다. 그래서 신경이 점점 날카로워지고, 체력도 달리는 것 같았다. 주말이면 두 모녀만 두고 내 집으로 가는 발걸음이 무거웠지만, 그래도 잠시 병원을 벗어날 수 있었다. 평일엔 직장, 주말엔 병원에 갇혀서 생활하는 언니도 엄마처럼 가엾기는 마찬가지였다. 하지만 이제 곧 퇴원한다는 희망이 있었다. 일주일만 있으면 집으로 간다, 그러면 엄마는 집에 가자고 더 이상 떼쓰지 않을 것이다, 언니도 나도 이 답답한 병실을 벗어날 수 있을 것이다. 집으로 돌아간 뒤에도 앞으로 엄마를 돌볼 일이 또 다른 무거운 숙제였지만 퇴원의 희망을 가리고 싶지 않았다.

병원에서의 3주가 흘러가는 동안, 봄이 서서히 다가오고 있었다. 병원 복도만 왔다 갔다 하기에는 억울할 만큼 날씨가 포근해졌다. 옷을 따뜻하게 입히고 엄마를 휠체어에 태워 병원 앞 공터로 나갔다. 그곳은 좁았다. 아니, 좁아터졌다. 몇몇 환자는 담배를 피웠고, 가끔 사이렌을 울리며 구급차가 들어와 어수선하고 심란했다. 병원 바로 앞이 8차선 대로라 지나는 차들의 매연 냄새도 심했다. 시끄러운 시장통같이 좁은 공터였지만, 점심을 먹고 매일 나갔다. 휠체어를 밀고 다닐 공간이 충분하지 않아 엄마 휠체어를 고정하고 나는 장식용 화단의 경계석에 자리를 잡고 앉았다. 벤치는 이미 다 차 있었다. 네 명쯤 앉을 수 있었지만, 한 번도 그 자리를 차지해 보지 못했다. 언제나 만원이었다.

벤치 앞에는 큰 벚나무가 서 있었는데, 꽃봉오리가 맺히기 시작하더니 나날이 피어나 벤치 위로 드리웠다. 오래 입원한 환자에게는 그 나무 아래가 숨통 같았을 것이다. 매연 속에서도 꽃향기가 은은했다. 엄마에게 뼈 붙는 시간 동안 나무는 싹을 틔우고 꽃이 피느라 바빴다고 일러주었다. 엄마는 "응, 그러네" 했다.

"엄마, 저기 저 도로로 쭉 가면 엄마 집이잖아. 나는 이 반대편 길로 가서 기차역으로 가잖아? 거기서 기차 타고 내 집에 가면 매일 이렇게 나랑 있는 시간도 끝날 텐데 그래도 빨리 집에 가면 좋겠어?"

엄마에게 물었다. 엄마는 "그냥 오늘 가자"라고 해서 또 속을 뒤집었다.

"엄마, 일주일은 더 있어야지. 뼈 안 붙어서 집에 갔다가 또 넘어지면 지금까지 한 거 다시 해야 하는데? 엄마도 힘들고 딸들도 힘든 이걸 또 하고 싶으면 집에 가자는 말 자꾸 하든지."

엄마 머릿속에 들어가지도 머물지도 않을 말을 성질 내며 했다. 그때, 요양원 마크가 찍힌 레이 한 대가 병원 앞에 섰고, 거기서 한 어르신이 휠체어에 태워져 병원으로 들어갔다. 남의 일이 아닌 것 같아 한참 바라보았다.

병원 옆, 탄천 변의 산책로를 휠체어를 밀며 그림처럼 거닐어보고 싶었다. 큰 다리를 지나 경사로 아래로 내려가면 탄천 산책로가 길게 뻗어 있었다. 병원 앞 복작복작한 공터보다는 한적해 보였다. 벚나무가 단정히 줄지어 서 있고, 그 옆으로 개천이 나른하게 흘렀다. 산책하는 이들이 드문드문 있었다. 한없이 평화로워 보였다. 산책로 끝에 멀리 보이는 산은 어느새 북슬북슬해져 신록을 올릴 준비를 마친 듯했다. 저곳으로 내려가는 길은 어디서 시작되는지 알아내서 내일은 휠체어를 그곳까지 밀고 가보고 싶었다. 엄마 숄이랑 뜨개 모자만 있으면 영화의 한 장면일 것 같았다. 거기까지

가려면 대로를 건너야 했고, 바람은 아직 차가웠고, 휠체어 바퀴는 실내용이라 울퉁불퉁한 길을 다니기엔 적합하지 않았다. 영화 같은 순간을 위해 환자와 그 가족은 얼마나 많은 것을 고려해야 하는지 영화 밖에서 깨달았다.

휠체어를 밀고 다시 병실로 올라와 언니를 기다렸다. 낮에 바깥바람을 잠깐 쐬고 들어왔지만 저녁 여섯 시가 되자 엄마는 또 밥하러 집에 가자고 했다.

"엄마, 오늘 밥하기 귀찮으니까 병원서 해주는 밥 먹고 내일 집에 가자"라며 긴말을 삼켰다.

언니가 병원으로 퇴근했다. 언니랑 먹을 매운 떡볶이를 사려고 병원 근처로 잠깐 나왔다. 건널목을 건너니 생뚱맞은 곳에 정호승 시인의 시비가 있었다. 병원 앞을 흐르는 탄천이 범어천인데, 정호승 시인이 어린 시절을 보냈던 곳이라는 것을 나중에 검색해 보고 알았다. 그곳과 가까운 곳에 '정호승문학관'도 있다고 했다. 갑자기 마주한 시비에는 「수선화에게」가 적혀 있었다. 잠깐 서서 돌에 새겨진 시를 읽었다. 떡볶이를 사러 가던 길에 갑자기 시 한 편을 읽고 나니 마음이 이상했다. 전부터 알 수 없는 힘들고 버거운 마음이 외로움이라고 알려준 시인 덕분에 그 마음이 해결된 건 아니지만 위안이 되었다. 저 시비를 세우고자 했던 이 지역의 구청장은 지나가는 누구라도 위로받길 바랐던 걸까. 종이 위의 활자보다 불쑥 만난 시비가 더 강렬했다. '울지 마라 외로우니까 사람이다'라는 시구가 근처를 지날 때마다 떠오를 게 분명했다.

며칠 뒤 어둠 속 한 줄기 햇살처럼 조카가 태어났다. 대견하고 고마웠다. 병원에서의 답답함이 한 방에 해소되는 기쁨을 만끽했다. 산부인과에서 산후조리원으로 이동할 때, 귀한 조카 얼굴을 엄마와 언니 대신 잠깐 보러 갔다. 오랜만에 보는 갓난아기는 위태롭고 조마조마했다. 하지만 말할 수 없는 환희가 느껴지고 벅찬 기분이 들었다. 엄마에게서 비롯된 세포가 분열하고 증식하여 생명의 생명이 생기다니. 원래의 세포는 늙어가고 쪼그라들고 기능을 잃지만, 그와 동시에 어딘가로 흘러간 세포들이 태어나고 숨 쉬고 성장하는 일이 벌어지고 있었다. 세포가 늙어가고 쪼그라드는 시간, 분열하고 증식하는 시간이 공평하니 애석해하고 안타까워할 필요는 없었다. 이게 시간이 하는 일인 건가. 이것이 꽃이 피고 낙엽이 지고 나무가 굵어지는 일이었다.

드디어 엄마는 퇴원했다. 아직은 걷기가 어려워서 집에도 엄마 옆에 보호자가 있어야 했다. 평일에 언니가 직장에 가 있는 동안 엄마를 돌보고 주말에는 내 집으로 돌아가는 일을 두어 달 계속했다. 같은 일이었지만 병원이 아니라 한결 수월했다. 그사이, 새로 태어난 조카는 백일을 맞았다. 카톡으로 조카의 사진을 받을 때마다 "아가야 왔다" 하면서 세 모녀가 머리를 맞대고 핸드폰 속 사진을 한참 쳐다봤다. 76세 노인의 노화와 3개월 아기의 성장을 냉탕과 온탕을 오가는 듯한 한기와 온기로 겪는 중에 일상은 미지근한 상태가 되었다.

어느 정도 뼈가 붙은 엄마는 지팡이를 짚으며 걷는 연습을 하기 시작했다. 언니는 엄마의 요양 등급을 신청했고, 엄마가 걷기 시작하면 주간보호센터에 다닐 수 있도록 조치했다. 뭔가 일단락되면서, 우리는 길고 어둡던 터널을 빠져나오고 있었다. 다음 주부터는 친정에 내려가지 않아도 되었다.

내 집으로 가는 날, 친정집 앞에 있는 커다란 벚나무를 오래 바라보았다. 그 동네 벚나무 중 제일 화사하고 아름다운 나무였다. 6월 말이었는데, 꽃은 다 떨어지고 연두 잎도 성숙한 초록 잎으로 바뀌어 있었다. 초여름인데도 한여름같이 기세 좋게 더웠다. 지하철을 타고 기차역으로 가야 했다. 엄마가 입원했던 병원 근처를 지날 때, 그곳에서 바라봤던 「수선화에게」 시비가 떠올랐다. 떠올린 시구 때문에 집으로 돌아가는 길은 한없이 외로워졌지만, 어째서인지 견딜 수 있을 것만 같았다.

# 수국

늦가을에 접어들어, 추워지기 전 빈 화분에 알뿌리를 심었다. 빈 화분이 있었다는 것도, 거기에 내가 알뿌리를 심은 것도 낯설다. 나는 식물이든 동물이든 심지어 사람이든 책임지는 걸 버거워한다. 자식 키우는 일도 힘에 부쳤다. 가까스로 자식을 키워내고 이제 한숨 돌리나 싶은데, 뭔가 또 책임지고 기른다는 건 곤란한 일이었다. 반려동물은 생각도 하기 싫었다. 식물은 내 손이 닿았다 하면 죽을 게 분명했다. 집 밖에 나가면 꽃이며 나무며 계절마다 자라나는 것이 천지인데 굳이 식물을 집에 들여야 하나 싶었다.

햇볕이 잘 드는 테라스가 있는 곳으로 이사를 하고 나서야 마음이 조금 바뀌기 시작했다. 텃밭은 무리라도 화분이 몇 개 있으면 테라스가 덜 삭막해 보일 것 같았다. 비워두는 것도 공간 낭비 같아 다른 집 테라스는 어떤가 하고 기웃기웃해보았다. 화분 하나 없는 집은 없었다.

그해 4월 어느 날 꽃시장에서 수국 모종을 들여왔다. 깻잎처럼 생겼을 뿐인데도 어쩜 그렇게 예쁘던지. 그렇지만 그것은 시작에 불과했다. 깻잎 같던 잎사귀가 작은 봉오리가 되더니, 꽃잎이 터지기 시작했다. 하루하루가 달랐다. 물 좋아하는 수국을 위해 일찍 일어나 물을 주는 일로 하루를 시작했다. 밤에도 수국의 상태를 살피고 잠자리에 들었다. 왜 5월을 계절의 여왕이라고 하는지 수국 덕에 알았다. 수국 가지치기를 위해 정원 가위를 사고, 꽃 색깔을 바꿔준다는 전용토도 사들였다. 6월과 7월까지 수국은 나를 위해 효도를 다하는 것 같았다. 집 밖의 산책로나 식물원에서 수국을 볼 때마다 내 수국과 무엇이 다른지 살펴보았고, 식물을 기르기 전보다 주변 나무와 꽃에도 관심을 더 갖게 되어 동네 산책이 더욱 흥미롭고 진지해졌다.

자식을 기를 때 내 자식이 유치원생이면 주변 모든 유치원생이 다 예뻐 보이고, 아이가 청년이 되면 또래 청년이 다 염려스럽고 사랑스러워지는 것과 같은 이치였다. 모든 나무와 꽃, 멀리 보이는 산조차도 대견하고 신기해 보였다. 세상이 무럭무럭 자라는 중이었다. 7월이 되자 수국의 꽃이 졌고, 꽃이 진 자리에는 새잎이 올라 여름내 싱그러움을 담당했다. 내년의 성장을 위해 꺾꽂이를 해야 한다는 정보를 정원사 블로그에서 읽었다. 그래서 가지를 잘라 물에 담가 뿌리를 내리게 하고, 뿌리가 난 가지를 작은 화분에 심었다.

어느 날, 출근길에 하늘이 어둑어둑해지며 곧 소나기가 거세게 쏟아질 것 같았다. 집으로 되돌아가 수국 가지를 심어둔 작은 화분을 비바람 맞지 않도록 실내로 들여놓은 후 다시 집을 나섰다. 지각은 했지만 그날 오후에 태풍이 덮쳐 모든 게 날아갈 판이었는데도 내 마음은 너무나 평온했다. 그게 초보 가드너의 마음이었다. 어리고 여린 것들을 폭풍으로부터 막아주고 넘어지지 않게 잡아주고 싶은 마음. 내 마음이지만, 다정

했다.

그 계절에 수국만 키웠느냐 하면 그건 아니다. 라일락과 장미, 안개꽃, 숙근 버베나 등 내키는 대로 마구 들였다. 시간 날 때마다 식물 동호인 카페에 들어가서 한때 육아 서적을 읽을 때처럼 집중해서 정보를 모았다. 집 근처 꽃시장은 내 참새 방앗간이 되었고, 마음에 드는 식물을 사면 그에 맞는 화분도 샀다. 퇴근해서는 간이 의자에 앉아 분갈이를 시작했다. 분갈이하고 나면 빈 화분이 생겼고, 빈 화분을 채우려고 또 식물을 샀다. 심다 보면 배양토가 부족했고, 배수를 위한 마사토가 모자랐으며, 지친 식물을 위한 영양제도 필요했다. 끝없는 순환이었지만, 이루 말할 수 없는 활력을 얻었다.

여름날 식물은 어찌나 잘 자라는지 숨 가쁘게 분갈이해야 했다. 하루라도 분갈이하지 않으면 허무하기까지 했다. 햇빛이 뜨거운 8월의 테라스는 식물이 타들어 가기 딱 좋았다. 그늘로 화분을 옮기거나 짬이 날 때마다 물을 줬다. 징그러운 민달팽이를 발견한 날, 식물 놀이에 잠깐 위기가 찾아왔으나 이겨냈다. 또 장미

가지에 진드기와 응애가 덮쳐 초보 식집사의 첫 시험대가 되었지만, 퇴치제 한 방으로 무사히 넘길 수 있었다. 장미 잎이 우수수 떨어지는 장마가 끝나고, 절대 시들 것 같지 않았던 숙근 버베나가 말랐다. 가을이 금세 지나고 겨울이 시작되자 테라스에 있던 화분은 맥을 못 추고 시들어갔다. 초보 식집사는 월동에 잔뜩 긴장했다. 실외에 뒀던 화분의 가지를 정리해서 실내로 들였다. 수국도 라일락도 꽃은 흔적도 없었다.

끝나지 않을 것 같던 내 식물 놀이도 한가해졌다. 마음 둘 데가 없어져 허전했다. 나 같은 이들을 위해 동네 꽃시장에서는 월동 식물을 팔았다. 겨울에는 채광과 통풍, 온도에 더 신경 써야 한다고 식물 카페 선배들이 알려줬다. '식물 등이 있어야 할까?' 심각히 고민했다.

이제껏 겨울이면 계절성 우울증에 시달렸지만 이번 겨울은 달랐다. 본격적인 겨울에 접어들기 전 알뿌리를 심은 덕이었다. 여전히 추웠지만, 삐죽이 싹을 틔워 올렸다. 2월 중순에는 그중 한 알뿌리에서 꽃도 폈다. 아침마다 베란다 문을 열어 향기를 맡으면 천천히 봄이 오고 있음이 느껴졌다. 식물을 키우지 않았을 때는 계절의 왕래를 제대로 느끼지 못했고 별 관심도 없었다. 날씨조차 신경 쓰지 않고 하루하루 보냈다. 식물을 키운 뒤로는 매일의 날씨와 계절 변화를 오롯이 느낄 수 있었다. 날씨와 계절의 변화에 이토록 설렐 줄은 몰랐다.

나의 마음에도 물을 준 것 같다. 내가 키워내는 식물이 예쁘니 공원이나 산책로에 있는 식물도 다 장하고 예뻐 보였다. 관심을 기울이면 세상 모든 것이 예사롭지 않다. 올봄은 우선 배양토 100리터부터 사고 맞이할 거다. 겨울 동안 실내에서 자란 고무나무와 제라늄을 분갈이해야 하니까. 농번기를 준비하는 농부의 마음이 된다. 그 어느 때보다도 설레게 봄을 기다리고 있다. 무엇에든 쉽사리 질리는 내가 얼마나 오래 식물 놀이를 할지 모르지만, 뭔가를 좋아하는 일은 매사에 의욕을 북돋는 불쏘시개라는 건 확실하게 알았다. 아무것도 하고 싶은 게 없거나 무엇에도 관심이 없는 그런 공허함이나 무관심이 앞으로도 나를 지배하지 않기를 바란다.

# 식탐

　어른 넷에 작다란 아이 넷, 모두 여덟 명이 자동차 한 대에 몸을 구겨 넣고 야영을 떠났다. 막내들은 엄마 무릎에 앉아야 했는데, 나는 덩치가 커서 콘솔 박스에 거꾸로 앉아 갔다. 그래서 멀미가 났지만, 처음 가는 캠핑에 들떠서 그조차도 달가웠다. 도착한 곳은 계곡이었다. 아빠들은 평평한 땅을 골라 식구들이 잠잘 텐트를 쳤다. 계곡물을 받아 밥을 지었고, 아이들은 가재와 다슬기를 잡았다. 물은 차가웠고 한여름이었지만 더운 줄을 몰랐다. 실컷 놀았던 것 같다. 어두워져 텐트 안에 들어가 잠을 자려고 했다. 그때 나는 그것을 보았다. 친구네 텐트 앞, 아이스박스 위에 놓여 있던 피망을. 그때는 이름도 몰랐다.

달빛만 비치던 산속 계곡에서 본 피망의 모습은 어린 마음을 홀리기에 충분히 이채로웠다. 처음 보는 열매였는데 채소도 과일도 아닌 것 같아서 혼란스러웠다. 풋고추치고는 너무 뚱뚱한데? 무슨 맛일까? 하고 한참을 바라다보았다. 텐트의 방충망을 열고 나가 그 반질반질해 보이는 표면을 만져보고 싶었다. 어른들이 잠든 후, 몰래 한 입 베어 물어 볼까도 싶었지만 비싼 걸까 봐 선뜻 용기 낼 수도 없었다. 다음 날 아침 아줌마가 그 피망으로 무슨 요리를 했었는지는 기억 안 난다. 그저 밤새 피망의 모습에 한껏 마음을 빼앗겼던 사실만 여전히 생생할 뿐. 적막한 숲속의 달빛 때문이었는지, 처음 본 채소의 생경함 때문이었는지는 모르겠지만 나에게 피망의 첫인상은 너무 강렬해서 지금도 피망을 보면 어디선가 달빛이 비치는 것 같다.

피망 다음으로 강렬했던 것은 레몬이다. 큰 슈퍼에 가면 진열되어 있었으니, 거기에서 레몬을 처음 보았을 것이다. 하지만 어떻게 먹는 건지, 딱딱한 껍질을 칼로 깎아 먹는지 도통 알 수 없었다. 초등학교 6학년 때 레몬 먹는 방법을 알게 되었다. 다과회를 하는 학기 마지막 날이었다. 촌스러운 이름의 다과회는 학급 행사로 일종의 과자 파티였다. 조별로 과자, 음료수, 과일 등을 마련하여 학교에 갖고 와서 은박 접시에 종류별로 늘어놓은 다음 함께 나눠 먹으며 노는 것이었다.

내 앞 조에서는 효정이가 과일을 맡은 모양이었다. 아니, 음료를 맡은 건가? 여하튼 레몬을 갖고 왔는데, 그걸 작은 도마 위에 놓고 과도로 쓱쓱 잘라서는 한쪽에 칼집을 넣어 음료수 잔에 꽂는 것이 아닌가? 그 모습을 보고 완전히 매료되었다. 사이다를 따랐을 뿐인 그 음료수 잔이 너무 근사해 보였다. 엘리베이터가 있는 맨션에 사는 효정이는 역시 다르구나. 부잣집에서는 음료수를 저렇게 먹는구나 했다. 나랑 비슷한 생각을 하던 애들이 주변에 몰려들어 레몬을 먹어보려고 효정이에게 '레몬 한 입만'을 외쳤다. 하지만 그걸 입에 넣어본 아이들은 얼굴을 찡그리며 씹지도 못했다. 먹지 않고 장식하는 데만 쓰는 과일도 있다는 걸 알았다. 이것이 레몬의 첫인상이었다.

처음 본 키위도 인상적이었다. 털북숭이 표면은 만지면 간지러울까 봐 섣불리 손을 대지 못했다. 키위 파는 아저씨가 참다래 맛 같다고 하는데 참다래도 먹어보지 못한 나는 어떤 맛인지 너무 궁금해서 엄마에게 사달라고 졸랐다. 하지만 엄마는 무슨 맛인지도 모를 과일에 돈을 쓰고 싶지 않았던 것 같다. 그러다가 키위 맛 아이스바가 나왔는데 그걸 먼저 먹어보곤 아, 키위가 이런 맛이겠구나, 짐작했다. 키위 맛 아이스바로 키위 맛을 알았달까. 이후 진짜 키위를 먹어보니 키위에서 키위 아이스바 맛이 났다.

이국적인 과일, 채소 등을 구경하는 것은 지금도 흥미롭다. 내가 사는 나라에서 크고 자란 거 말고, 이곳과 다른 땅, 다른 기후에서 자란 것들의 맛을 보면 이국의 날씨와 풍광을 느낄 수 있을 것만 같았다. 사실, 과일이나 채소뿐이겠는가. 하지만 여기에서는 청과물로 한정해 이야기해야 한다. 공산품까지 포함하면 너무 방대해질 것이 분명하다. 내가 어릴 적에는 수입 청과물이 지금처럼 넘쳐나지 않았다. 그래서 계절마다 으레 먹는 제철 식품보다 이따금 보이는 수입 청과물

구경이 더 신났다.

수입품에 대한 호기심은 곧 이국에 대한 궁금증이었다. 신문 지면의 해외 토픽을 꼭 읽었고, 외화나 팝송을 즐겨 보고 들었다. 그래도 바깥세상에 대한 궁금증을 풀기엔 역부족이었다. 수입 청과물은 내가 몸으로 접해보는 첫 외국 문물이었다. 시장에만 가면 눈에 띄었으니까. 처음 보는 것에 대한 호기심이 컸고, 그 호기심을 풀기엔 수입 청과물만큼 손쉬운 방법도 없었다. 입에 넣기만 하면 되었으니까. 저건 무슨 맛일까, 궁금해하던 그 마음. 식탐인지, 호기심인지, 그 사이 어디쯤 있는 감정을 가리키는 단어가 있었으면 좋겠다. 지금은 흔해졌지만, 아보카도가 처음 시장에서 보이기 시작했을 때 나는 그걸 사 먹을 수 있는 경제력이 있었다. 그걸 사면 지인이 물었다.

"그거 무슨 맛으로 먹어?"

좋은 질문이었다. 무슨 맛인지 궁금함을 풀기 위해 샀으니까. 안 먹어본 것을 먹어보고 경험해 보고 싶은 욕망으로.

'맛보다'라는 말에는 '몸소 겪어보다'라는 의미도 있

지 않은가. 바깥세상을 몸소 겪어보고 싶었다. 집요한 식탐을 지나치게 좋은 의미로 포장했는지도 모르지만, 낯선 것들은 다 궁금했다.

최근 여행지에서 처음 보는 과일을 발견했다. 동남아시아에서 석가모니의 머리를 닮았다고 해서 '석가'라고 부르는 과일이었다. 겉모습은 먹으면 배 아플 것처럼 생겼다. 사람 머리 모양의 과일이라니, 그것도 부처님 머리 모양이라니. 머리를 베어서 먹어야 한다는 불경한 호기심에 맛보지 않을 수 없었다. 그 부처 머리 과일은 이제껏 경험해본 적이 없는 맛이었다. 이러니 내가 어떻게 궁금해하지 않을 수 있겠는가. 먹을 만큼 먹은 이 나이에 처음 겪어보는 맛이라니, 세상은 넓고 아직 모르는 맛은 참 많다. 설레게.

# 도둑


허리 통증이 도졌다. 예약해 둔 한방병원의 대기실에서 순서를 기다렸다. 기다리면서 스마트폰 말고 눈 둘 데를 찾기 위해 읽을거리가 있는지 둘러보았다. 다행히 소파 테이블 밑에 책이 몇 권 있었다. 찾는 사람이 없어 오래 그곳에 놓여 있었던 것 같았다. 기다리는 동안 읽기에 적당한 두께의 책이었다. 『소설보다: 봄-여름 2018』이다. 여러 작가의 단편이 실려 있어 잠깐 읽기 좋을 것 같았다. 그런데 너무 재미있었고, 마음에 든 문장을 적어두려고 스마트폰 메모장을 여러 번 열었다. 그러다 보니 책장을 빨리 넘기지 못했는데, 곧 내 이름이 불릴 것 같았다. 그래서 갖고 왔다. 하지만 3일 후 진료 예약이 되어 있으니, 그때까진 다 읽고 갖다 놓을 생각이었다. 말도 없이 빌려 온 셈이지만, 그 책을 위해서라도 좋은 일이라고 여겼다. 아무도 관심 두지 않는 책이라면 누군가에게 읽히는 것만으로도 가치가 있을 듯했다. 몰래 빌려 온 책은 사거나 대출한 책과 다른 오라aura를 가졌다. 이상하리만치 몰입이 잘 되었다. 잘 안 읽히는 책은 어디서 훔쳐야 하나 싶을 정도였다. 다 읽고는 다음 진료 날에 몰래 가져다 놨다. 책을 은밀히 들고 온 건 그게 두 번째였다.

처음으로 책을 몰래 갖고 온 곳은 자동차 서비스 센터였다. 서비스 센터는 천장도 높고 넓은 창이 있어서 채광이 좋고 쾌적했다. 곳곳에 안락의자가 있어서 공공 도서관 같았다. 하지만 대기실에서 책을 보는 사람은 아무도 없었다. 텔레비전을 보는 사람은 있었지만, 그 외에는 다 스마트폰을 들여다볼 뿐이었다. 혹시 읽을 만한 책이 있나 주위를 살폈다. 수리가 끝날 때까지 두어 시간 기다려야 했다. 가지고 온 책도 없었다. 나는 대기실에서 읽는 책, 딱 그곳에 있어서 손이 많이 탄 책을 좋아한다. 내 가방에 있는 책이나 이북 말고 우연히 마주친 책 말이다. 다행히 한쪽에 구색을 맞추느라 진열된 책이 보였다. 그 넓은 대기실에 책이 꽂혀 있는 서가라고는 60센티미터쯤 되는 선반 하나가 전부였다. 상품 카탈로그 같은 두꺼운 잡지 몇 권과 단행본 스무 권 정도가 보였다. 근데 거기 무라카미 하루키의 책이 있었다.

『달리기를 말할 때 내가 하고 싶은 이야기』.

라디오에서 그 속의 한 문장을 듣고 관심이 갔던 책이었다. 그의 신작이 나올 때마다 사다가 보는 데 지쳐가고 있어서 못 읽은 책도 많아졌다. 하루키의 열렬한 팬으로서 그 책이 구색용으로 꽂혀 있는 게 안타까웠다. 표지의 하루키의 근육질 등을 보니 그곳에 있던 누구라도 읽어야 할 것 같았다. 기다리는 동안 흥미롭고 즐겁게 읽었다. 차 수리 시간이 생각보다 더 오래 걸려서 천천히 불러주면 좋겠다 싶었을 정도였다. 하지만 수리는 일찍 끝났고, 난 그 책을 자연스레 가방에 넣어 가지고 왔다.

남편한테 책을 그냥 가져 왔다고 말하자 갱년기 증

세로 도벽이라도 생긴 거냐며 CCTV가 없는 곳이 없으니 창피당하지 말고 얼른 도로 갖다 놓으라고 질책했다. 또 내 이야기를 들은 친한 직장 동료는 '책 도둑이 소도둑 된다. 그렇게 안 봤는데 실망했다'라며 겁을 주었다. 책이라고는 읽지 않는 그들이 오히려 반듯한 양심을 가진 것 같았다. 겁나기는 했지만 바로 갖다 놓지는 않았다. 3주 후 다른 예약 건으로 서비스 센터에 들를 일이 있었기에 그때 가서야 책을 갖다 놓았다. 시간이 없었던 것도, 읽는 데 3주가 걸린 것도 아니었다. 양심의 가책을 느끼면서도 계속 들고 다니며 읽었다. 가져다 놓을 때까지 아무도 그 책에 관심 두지 않기를 바라면서. 서비스 센터에 책을 가져다 놓았을 때 보니 선반 위 책들은 예전 그대로였다. 그동안 아무도 손을 댄 적이 없는 것 같았다. 이 책 빌려 가도 돼요? 하고 물어봤으면 맘에 드는 책 있으면 다 빌려 가라고 했을 터였다.

요즘은 책 한 권 없는 대기실이 더 많아졌다. 책이 없는 삭막한 대기실은 들어서는 순간 기다리기가 딱 싫어진다. 그런 곳의 기다림은 정말 지루하다. 아무도 책을 놔두지 않았나 싶어서 서운하다. 대기실에는 장식용 책이라도 있었으면 좋겠다. 잡지나 오래된 책이 좀 흩어져 있어야 기다리는 맛이 난다. 책을 뒤적이고 만지는 시간, 표지와 제목만으로 읽을지 말지 결정하는 시간, 순서를 기다리며 그런 것을 해야 하는 시간이 필요하다. 대기실 책 따위에 사람들이 관심이 없다는 건 어쩌면 내 편견일지도 모른다. 아니, 대기실 책은 애초에 읽히지 않아도 상관없을 것이다. 그것은 따뜻하고 지적인 분위기를 보여주긴 위한 실내장식용 소품일 수도 있다. 그럼 난 장식용 소품을 잠시 집어 온 것이었을 수도 있겠네? 큰 잘못을 저지른 건가? 책만 생각하고 대기실은 고려하지 못하고 말았다.

이제 대기실의 책은 가방에 넣지 않는다. 나같이 대기실에서 책을 찾을 사람이 분명 있을 것이라 믿고 싶기 때문이다. 대기실에서 책을 읽는 누군가를 발견한다면 참으로 기쁠 것 같다. 자기 차례를 기다리며 그곳에 있던 책을 읽는 즐거운 맛을 아는 사람 말이다. 하지만 대기실 책을 몰래 가져오는 즐거움만큼은 아닐 것이다. 책을 구해낸 것만 같은 기분이었다. 그리고 그런 책은 그 어떤 책보다 잘 읽혔다.

# 격려

생업을 접은 뒤 시간이 넘쳐났다. 늘 시간에 쫓겼는데 이제는 감당하기 힘들 만큼 시간이 많아져 본격적으로 뭐라도 해야 했다.

근사한 동네 책방이 집 가까운 곳에 있었다. 호수가 바라보이는 아늑하고 아담한 곳이었다. 무엇보다도 책방 주인이 소설가였기에 그곳에 들어가는 것만으로도 문학 속에 발을 들여놓는 듯했다. 자주 다니고 싶어서 그곳에서 운영하는 독서 모임에 등록했다. 공사를 할 때부터 이 책방이 문을 열기를 기다렸다. 직장에 매여 있을 때도 틈나면 기웃거렸는데 독서 모임에 참여하기로 하니 그 책방에 느슨하게나마 소속된 것 같았다. 시간은 쇠털같이 많아서 글쓰기 수업도 시작하기로 했다. 자잘한 취미 생활 중 질리지 않은 게 읽기였고, 읽다 보면 쓰고 싶어졌다. 왜 그런지 모르겠지만 그랬다.

독서 모임은 수월하기 짝이 없었다. 지정된 책을 읽고 감상이나 느낌을 나누면 되었다. 근데 글쓰기 수업은 과제가 있었다. 제한된 시간 안에 해야 하는데 이게 여간 신경 쓰이는 게 아니었다. '얼른 과제 해야 하는데'라는 압박감이 있었다. 일상이 흐물거리지 않게 그 압박감이 붙잡아주었다. 그게 싫지는 않았다. 누군가가 읽을 글을 쓴다는 건 용기가 필요한 일이었다. 아니, 용기뿐 아니라 마감이라는 제약이 필요했다.

첫 글쓰기 수업이 생각난다. 오리엔테이션을 마치고 다음 숙제를 제출할 때까지 긴장이 되었다. 초봄이었다. 그 계절만 되면 생각나는 '병아리'를 소재로 첫 글을 썼다. 첫 글을 쓰기는 어렵지 않았다. 근데 마무리가 힘들었다. 내가 뭘 쓰고 싶었는지 갈수록 아리송해졌다. 잠자리에 들었다가도 다시 일어나 스마트폰으로 글을 고치고 단어를 찾느라 고심했다. 첫 글을 게시판에 올릴지 말지 마감 직전까지 고민했다. 내내 병아리만 생각했던 한 주였다. 쓰고 보니 시시한 것 같기도 하고 하찮은 얘기 같아 부끄러웠다. 무엇이든 쓸 수 있는 것이 에세이라지만, 의미가 없다면 그것은 낙서와 다르지 않을 것 같았다. 그렇지만 처음부터 능숙한 사람이 어디 있겠는가? 나는 처음부터 끝내주게 잘 쓰고 싶다는 섣부른 욕심을 냈던 것이었다. 기대하는 사람은 아무도 없었는데 나는 기대에 부응해야 한다는 기이한 목적이 있었다.

첫 글을 올리고 난 뒤, 힘을 빼고 써야겠다는 생각이 들었다. 그런데 선생님과 동료들이 칭찬을 해주는 것이었다. 이해가 안 가는 칭찬도 있었지만, 어쨌든 다음 글을 쓸 용기를 얻었다. 서툴고 여릴수록 칭찬과 격려의 말을 먹고 자라는 것 같았다. 신랄하고 정직한 평가를 받아내기엔 아직 덜 영글었으므로 다음 글을 쓸 근력을 키워야 했다.

글을 제출할 때마다 이런저런 생각이 많이 들었지만 나는 분명 어딘가로 나아가고 있다는 확신이 들었다. 의미가 있든 없든 글쓰기에 대한 고민을 끊임없이 하기 시작했다. 마감을 지키느라 꾸역꾸역 글을 썼다. 이번 주는 하루 쉴까 하다가도 글을 제출하고 나면 내 글을 동료들 앞에서 빨리 읽고 싶어 얼른 수업이 시작되기를 기다렸다. 또 말도 안 되는 어떤 상찬이 오고 갈지 기대가 되었다. 그러다가 맘에 안 드는 내 글을 읽어야 하는 날이 오면 글쓰기는 그만하고, 독서모임만 하자고 마음먹기도 했다.

내가 쓴 글만 읽고 고치는 것에 매몰되어 있다가 점차 동료들 글에 관심이 가기 시작했다. 그들이 쓴 글을 들을 때면 그것들이 내 머릿속의 해마를 간질인 듯 잊고 있던 기억이 떠올랐다. 나의 내면이 이리저리 흔들리다 전전두엽이나 해마 속에 깊숙이 박아놓은 기억이 나도 모르게 툭 하고 삐져나왔다. 내가 잊고 있었던 추억, 슬픔, 기쁨이 망각의 세계로 넘어가 찾을 수도 없고, 찾을 생각도 없던 것이었는데, 타인의 이야기가 파도처럼 출렁이다 나의 뇌 속에 부딪힌 것이다. 그러면서 불쑥 떠오르는 나를 만든 기억을 끄집어 볼 수 있었다. 좋았던 기억이 생각나면 그것이 정서적인 에너지가 되기도 했고 또 다른 글감이 되기도 했다. 내 글을 읽는 이들로 하여금 거창하지 않아도 그들의 기억 속에 가 닿게 할 수 있다면 충분할 터였다.

자신이 쓴 글을 읽어주는 동료들도 각별해졌다. 북토크가 별건가? 글쓰기 수업에선 누구나 작가였다. 자기가 쓴 글을 낭독하면 동료 관객이 귀를 기울여주었다. 글쓰기 수업은 어쩌면 인류애인지도 모르겠다. 내가 쓰는 마음과 비슷한 마음으로 그들도 글을 써서 제출하고 발표한다고 생각하니 모두 안아주고 싶었다. 수업 가는 길에 그들의 뒷모습만 봐도 애정이 솟았다. 그들이 쓴 글에 응원과 격려의 말이 저절로 나왔다. 그들의 마음속을 살짝 들여다봤기 때문이다. 내 마음도 그들 앞에 드러냈다. 적잖이 창피해하면서.

동네 책방의 글쓰기 수업은 1년이 지나면 졸업이었다. 1년 동안 원고지 스무 장쯤 되는 글을 열 편 정도 썼다. 한 해에도 책을 몇 권씩 출간하는 작가에 비하면 새 발의 피였지만 나는 뿌듯하기 그지없었다. 시작은 잘해도 마무리를 못 해서 시작만 했다가 끝을 못 낸 글이 무수히 많았다. 점차 끝을 맺고 글을 완성할 수 있게 되었다. 이제부터 어쩌면 시작을 주저하는 인간이 될지도 모르겠지만. 졸업을 앞두고 한 해를 돌아보았다. 내가 정말 글에 솔직했는지, 그저 겉돈 것만은 아니었는지. 하지만 글을 쓰느라 보냈던 1년은 그전의 다른 1년과는 달랐다. 매사에 관심을 기울일 수밖에 없었다. 섬세하고 세밀한 시선으로 주위를 살펴야 했다. 그것은 삶을 바라보는 태도가 되어야 했다.

글을 잘 쓰는 방법을 배우는 것이 글쓰기 수업의 목표는 아니었던 것 같다. 내면을 들여다보는 방법을 배웠다. 뭘 쓰고 싶은지, 왜 쓰고 싶은지, 그걸 끊임없이 생각하는 시간이었다. 내가 누구인지, 나는 무엇을 위해 살고 있는지도 숙고해야 했다. 아직 그 답을 제대로 알 수 없어 계속 써보기로 했다. 앞으로도 어디선가 글쓰기를 할 것이다. 읽는 나만큼이나 쓰는 나를 좋아하기 때문이다.

4부

# 여름, 의미

# 혀끝

지인과의 모임 자리에서 대화가 낱말 퀴즈가 되는 경우가 빈번하게 생긴다. 사람 이름이 생각나지 않거나 브랜드의 이름 등이 떠오르지 않아서, 하려고 했던 말이 방향을 잃는다. 그 말들을 생각해 내기 위해 힌트를 남발한다. 그것들도 대부분 지시대명사라 설명하다 보면 금세 시간이 지나버리기 일쑤다. 누구 하나 시원하게 정답을 맞히는 사람이 없다. 말하고 싶은 단어를 떠올리려다 설명에 살이 붙기 시작하면 오히려 점점 미궁 속으로 빠져든다.

단어가 머릿속에 있긴 한데 입 밖으로 나오지 않는

것은 나이가 들수록 뇌 속 단어 저장고와 그걸 꺼내 쓰는 경로 사이의 연결 속도가 느려지기 때문이라고 한다. 쉽게 말해 단어는 분명히 머릿속에 있는데 그 단어를 적재적소에 꺼내는 검색 속도가 느려진다는 것이다.

말이 혀끝에서 맴맴 도는 증상인데, 이를 심리학에서는 '혀끝 현상(Tip of the Tongue phenomenon)', 일명 ToT(눈물 이모티콘이 아니다. 슬프긴 해도)라고 부른다고 한다.

그 답답함을 곰곰이 떠올리며 일기 쓰듯 기록했다. 그렇게 적어놓으면 다음에 잘 떠오르겠지 싶어서였다. 입 밖으로 나오지 못한 말, 입 밖으로 나왔지만 틀리거나 비슷하기만 했던 단어들을 스마트폰의 '세줄일기'라는 앱에 적어두고 '생각이 안 나는 단어'라고 제목을 달았다. 이제는 잊지 않기 위해 기록한다기보다 적다 보니 그 상황이 재미있어서 수집한다고 말하는 편이 좋겠다.

그 세줄일기 몇 편을 소개한다.


챗지피티를 챗지티피로, 알고리즘을 알리고즘으로,

그래피티를 그래티피로 말해버리는 친구에게
감쪽같네. '어반자카파'야? '어반자파카'야?


'런아웃을 해결하려고 자기 계발 하다 런아웃 더 온다'
마침 유명 식당 오픈런을 기다리며 한 얘기라….
나 번아웃 왔나? 그래도 알아들은 친구 고맙다.


포상과 보상의 뜻이 혼동됨
포상은 칭찬이고, 보상은 위로다
"포상 휴가는 달콤한 보상이었다."


'발뮤다'라는 브랜드를 매번 '버뮤다'로 말하는 지
인이 있다.
"버뮤다 토스터에 빵을 구워서……"라고 하지만,
나는 정정해주지 않는다.
버뮤다 토스터에 굽히는 빵은 왠지 미스터리하다.


"수리 영역이 1계급이구나."
1등급을 1계급으로 말했다.

다른 단어지만 뭔가 맥락이 닿는 이 느낌 뭐지?


"딸이 호주로 워커홀릭 가는 거예요?"
"아니 워킹홀리데이."
하하하, 어쨌든 열심히 일해야 하는구나.


"그 집 아버지 쪽 DHA가 워낙 좋으니까 아들도 똑
똑하겠지"
아버지, 등푸른생선일까? 어쨌든 DHA도 머리에
좋으니까
이랬든 저랬든 그 누구 집의 아들은 똑똑하다네.


세 줄로 혀끝 현상을 수집하는 일이 이제는 일상의
소소한 취미가 되었다. 생각나지 않는 단어 하나 없이
막힘없는 대화만 오고 간 날엔 아무 수확도 없어 아쉽
기만 했다. 어떤 날, 모임에서 누가 "그, 그, 왜 있잖
아?"라고 시동을 걸면 나는 세줄일기에 적기 쉽게 메
모장을 열 준비를 한다.
"잘생기고." "좀 구체적으로." "연기도 잘하고." "전

혀 구체적이지 않은데?" "외국 배우야?" "아니, 우리나라 배운데, 키도 크고." "영화야?" "아니, 드라마인데 거기서 나쁜 검사로 왜? 그 드라마에 키 크고 얼굴 작은 여배우도 나오고, 왜, 노래 잘하는 개 있잖아. 아버지도 가수고 개가 주인공인데." 뭐 이런 대화를 주고받다 보면 벌써 스무고개는 한참 지난다. 그럼에도 누구 하나 스마트폰 꺼내서 검색해 보지 않는다. 검색 찬스, 전화 찬스를 쓰지 않고 힌트로만 맞혀야 한다는 암묵적인 룰을 만든 것인지, 아니면 정말 자신의 기억력을 테스트하고 싶은 것인지 모르겠다. 귀찮았던 거겠지 싶다. 손가락 드는 것도 귀찮아하는 50대들이니.

지인이 말하려고 했던 배우는 〈비밀의 숲〉이라는 드라마에 나온 배우 이준혁이었다. 성도 이름도, 그가 출연했던 드라마의 제목도, 그 드라마에 같이 출연했던 배우 한 사람의 이름도 떠올리지 못했는데, 그 얼굴만 떠올리며 설명을 해대는 지인도, 듣고 있는 사람도 답답했지만, 모두가 집중해서 그가 누구인지 알아내려는 모습이 나이에 안 어울리게 천진해 보였다.

쓸데없고 의미 없는 얘기에 아이처럼 열을 올리는

것이 어쩌면 진지한 삶의 고찰보다 인생에 더 도움이
되지 않을까 싶었다. 생각나지 않는 단어를 다 같이 찾
으려고 허접한 힌트를 주고받으며 집중하는 모습에서
는 잠시나마 자식 걱정, 건강 걱정, 돈 걱정, 나라 걱정
에서 벗어나 그저 제일 먼저 낱말 퀴즈의 정답을 외치
고 싶어 하는 승리욕만 보였다. 그리고 나는 무엇보다
세줄일기를 채울 대화를 수집해서 흡족했다.

생각나지 않는 단어 때문에 생긴 에피소드를 적어놓
고 심심할 때 읽어본다. 그리고 나이 드는 게 마냥 나
쁘기만 한 일인지 생각해보았다. 나이를 먹을수록 몸
의 기능이 떨어지는 것은 자연스러운 과정이다. 좋아
질 리 없으니 천천히 나빠지기만을 기대할 뿐이다. 내
가 제어할 수 없는 현상이니 어쩔 도리가 없다.

10년 전만 해도 나의 별명은 '어휘의 여왕', '걸어 다
니는 네이버'였다. 모르는 단어가 없었다. 뭐든지 바로
바로 입력되었고, 요긴하게 즉각 튀어나왔다. 그때는
새로운 단어를 수집했다고 해야 할까? 하지만 기록해
둘 필요도 없었다. 낯선 고유명사, 사람 이름이나 브랜
드명, 외래어, 신조어는 내 입 주변 어딘가에 자석같이

붙어 있어서 뇌까지 갈 것도 없이 필요할 때, 적절한 순간에 바로 튀어나왔다. 지금은 생각나지 않는 단어를 수집하기는 해도 여전히 그때와 비슷한 즐거움이 있다. 하지만 작은 글씨는 보이지 않고, 카톡에 자꾸 오타가 나고, 건망증이 심해지고, 했던 말을 또 하는, 이런 퇴행들이 점점 많아져 잊고 있던 나이를 떠올리게 된다.

사람의 행복지수는 생애에 따라 U자 형태로 변화한다고 한다. 청소년기에서 20대 초반까지는 높다가 중년기에 가장 낮아지고 노년기에 다시 상승한다. 그 얘기를 듣고 노년기에 왜 상승하는지 의문이 들었는데, 노년기가 되면 사회적 책임이 줄어들면서 본연의 자신으로 돌아가기 때문이라고 한다. 무언가를 이루어야 한다는 강박이 사라져 삶의 본질에 집중하게 되고 그에 따라 내면의 평온이 행복의 정의로 바뀐다는 것이었다. 기대했던 미래와 현실의 괴리를 수용해야 하는 시기인 40대 전후에는 회의감이 심해져 행복감이 가장 낮아진다. 난 몇 년 전에 그 시기를 통과했다. 그렇지만 회의감을 말끔히 떨쳐낸 것 같지는 않다. 내 한계와

부족함을 자연스럽게 받아들이는 노력을 몇 해 더 해야 할 듯하다. 단어가 생각나지 않아서 말이 이어지지 않는 것을 안타까운 일이 아니라 우스운 에피소드로 받아들이듯이 말이다. 대중교통을 이용하거나 카페에 앉아 있을 때도 수집할 거 뭐 없나 싶어 중년들의 수다에 귀를 쫑긋거리게 된다. 그들의 수다에 나도 모르게 입꼬리가 올라간다.

# 수다

내게는 아직도 연락하는 초등학교 친구가 있다. 처음 만난 건 초등학교 4학년 때였으니 벌써 40년 가까운 세월이 흘렀다. 마지막으로 얼굴을 본 지도 어느덧 10년이 되어가지만, 우리는 일주일에 세 번은 꼬박꼬박 전화로 수다를 떤다. 친구가 출근길에 운전을 하면서 나에게 전화를 건다. 얼굴을 보지 못한 지 오래되었어도 전혀 어색하지 않다. 10년 전, 그러니까 마흔 살 무렵의 얼굴을 떠올리며 말하면 그만이다. 사실, 굳이 얼굴을 떠올릴 필요도 없다. 그냥 마음 가는 대로 아무 이야기나 꺼내도 되는 사이다. 오늘은 문득 초등학교

시절 우리가 살던 동네 친구의 이름을 꺼내보았다.

"김민정 기억나지?"

"알지, 알지."

"걔가 내 머리핀 훔쳐 갔잖아."

"아, 심지연 기억나?"

"알지. 내 뒤에 앉았잖아."

"그래, 걔가 내 그림엽서 훔쳐 갔잖아."

그러고 우리는 깔깔 웃었다. 친구의 이름은 선이다. 오빠가 둘 있는 막내딸이었다. 엄마는 막내딸을 예쁘게 꾸미는 걸 좋아하셨다. 숱이 많은 선이의 잔머리를 정리하기 위해 머리핀을 꽂고 나서 엄마는 그걸 뿌듯해하셨다. 정작 선이는 자기 머리에 아무런 관심이 없었다. 머리는 엄마의 영역이라 여겼고 어떤 핀이 꽂히는지도 몰랐다. 그러던 어느 날, 김민정이 선이네 집에 놀러 왔다. 그런데 그 머리에 선이가 늘 꽂던 핀과 똑같은 핀이 꽂혀 있었다. 선이 엄마는 그 핀을 보자마자 김민정을 앉혀놓고 물으셨다.

"이거 어디서 샀노?"

김민정은 어버버하다가 끝내 울음을 터뜨렸다. 이

일화에서 가장 인상적인 건 선이의 반응이었다.

"민정이 거일 수도 있잖아. 엄마는 잘 알지도 못하면
서……"

선이는 울먹이며 친구 편을 들었다. 물론, 엄마는 그
핀이 얼마나 닳았는지까지 기억하고 있어서 김민정이
꽂고 온 핀이 선이 것이라고 확신하셨단다.

그 이야기에 나도 잊고 있던 어린 시절의 기억이 떠
올랐다. 이런 순간이 좋았다. 당시 우리 집에는 수입
학용품이나 장난감이 꽤 많았다. 아빠가 중동에서 돌
아오실 때 선물로 갖고 오셨는데, 나는 그것들을 친구
들에게 자랑하며 우쭐했다. 그중에 '홀로그램 그림엽
서'가 네 장 있었다. 카드를 비스듬히 기울이면 그림이
바뀌는 마법 같은 엽서였다. 드레스 입은 공주가 뒤를
돌아보거나, 귀부인이 요람을 흔드는 귀여운 그림이었
다. 심지연의 집에 놀러 갔을 때, 내가 갖고 있던 것과
똑같은 엽서를 발견했다.

"이거 내 거랑 똑같네?"

내가 조심스레 말했다.

"네 것과 조금 다르지."

심지연은 말했다. 그러고는 "우리 아빠가 사줬어"라고 덧붙였다. 심지연의 아버지는 택시 운전을 하셨다. 언제 중동에 다녀오셨을까? 집에 돌아와 보니 내 엽서가 세 장밖에 남아 있지 않았다. 그럼에도 나는 따지지 못했다. 혹시 괜한 의심을 하는 건 아닐까 싶어 아무 말도 못 했다.

선이와 나는 그때 이야기를 하며 우리가 얼마나 친구들을 무턱대고 감싸고 싶어 했는지 떠올리며 웃었다. 열한 살 아이에게 견물생심은 너무도 당연한 일이라며 그들을 이해해주었다. 친구의 잘못을 감싸주던 우리 마음이 지금 돌이켜보면 얼마나 여리고 맑았는지 새삼스레 느꼈다. 시절 이야기를 나누다 보면 초등학교 때로 돌아간 듯 마음이 한없이 순수해진다. 냉동 만두 한 봉지를 사서 선이네 집에 가 함께 구워 먹고 '부루마불' 게임을 하던 시절. 씨앗은행 지폐를 나눠 갖고, 주사위를 굴리며 세계를 누비던 시간. 별것도 아닌 것에 웃음이 터지고, 사소한 이야기에도 몸이 간질거리던 때. 선이와의 통화는 그 시절을 고스란히 불러내 내 나이를 잊게 만든다.

수다 주제는 다양하다. 친정 엄마와의 갈등, 업무 스트레스, 남편, 아이, 회사 동료 등등. 일주일에 세 번씩 통화하면서도 끝맺는 말은 늘 "아직 얘기 다 못 했네"다. 여자들의 끝없는 수다에 대한 우스갯소리로 들릴 수도 있겠지만, 이런 수다가 면역력을 높여준다는 연구 결과도 있다.

여자는 하루에 6만 단어 이상을 말해야 한다고 한다. 6만 단어를 말하려면 여섯 시간 이상이 걸린다고 한다. 6만 단어를 채우지 못하면 답답하고 속병이 생긴다. 나이가 들수록 말할 사람도, 말할 거리도 줄어드는 게 현실이지만 우리는 예외다. 아무리 퍼내도 마르지 않는 우물처럼, 우리는 40년 전부터 어제까지의 얘기를 끊임없이 이어갈 수 있다. 짜증, 분노, 슬픔 같은 감정을 말로 풀어내면 뇌가 그런 감정들을 덜어낸다고 하는데, 우리는 이미 그것을 실천하며 살아가고 있었다. 전화 영어보다 자기 계발에 더 도움되는 전화 수다다.

"너한테 얘기하고 나니까 마음이 좀 나아졌다."

선이가 이렇게 말할 때면 선이의 수명을 내가 몇 시간 늘려준 것 같았다. 반대로, 선 넘는 사람 때문에 내가 속상해할 땐 선이가 자기 일이라도 되는 것처럼 욕을 해주었다. 그 한마디에 울화가 풀리곤 했다.

선이는 오늘도 지각이라고, 모레는 꼭 일찍 나올 거라며 전화를 끊었다. 그저께도 했던 다짐이었지만, 오늘은 그저께보다 5분 일찍 도착했다며 걱정 말라고 했다. 우리는 내일모레 오늘 못다 한 얘기를 이어가면 된다.

# 갈망

"어서 오세요. 엄마, 손님 왔어."

엄마 대신 손님맞이 인사를 한 아이, 열 살쯤 되었을
까? 본격적인 여름 더위가 시작되기도 전인데 벌써 햇
볕에 그을려 피부가 까맣다. 아이는 구석 자리에 앉아
서 책을 보고 있었고, 책방 주인인 엄마는 뒤쪽의 작은
텃밭에서 잡초를 뽑고 있었다. 새로 들어온 손님도 아
이의 반가운 인사에 흐뭇해하며 책방을 둘러보기 시작
했다. 30분이 지나고 오후 네 시가 되면 책방 문을 닫
고 엄마랑 바닷물에 뛰어들겠지. 이 책방 블로그에서
주인이 퇴근하면 바로 바다로 출근한다는 글을 여기

오기 전에 보았다. 자신의 아이가 고성에서 가장 까만 애라고 적었는데 과연 그런 듯했다. 책방은 해수욕장에서 걸어서 5분 거리에 자리 잡고 있었다. 내가 마음속에서 꿈꿔온 책방의 모습이었다. 바닷가 옆 동네 책방이라니.

6월 초에 이 동네에 처음 놀러 왔다. 강원도 고성의 교암리라는, 작은 해수욕장이 있는 시골 동네다. 그때의 기억이 너무 좋아서 그날 바로 숙소를 예약하고 한 달 뒤에 두 번째로 이곳을 찾았다. 다시 방문한 오늘은 책방 개업 2주년이라고 주인이 직접 키운 감자와 단호박을 선물로 받았다. 그리고 그 까맣고 귀여운 딸아이를 찍은 사진 책갈피도 받았는데, 그 책갈피를 책에 끼우면 아이가 누린 여름의 행복이 전해지는 듯했다. 이 아이의 유년에는 잊을 수 없는 추억들이 날마다 쌓이겠다고 생각하니 질투가 났다. 내가 항상 상상하는 여름이었다.

여름을 너무 좋아하는 나는 이 모녀의 여름 일상에 동참하고 싶었다. 책방이 자리한 가건물의 옆 점포에서 새 주인을 찾고 있었는데 내가 빌리고 싶었다. 월세는 뭘 팔아서 감당해야 할까? 책방은 바로 옆에 있으니 문구를 팔까? 큰 책상을 들여놓고 공부방을 만들면 어떨까? 이런 시골 동네에 애들이 있을까? 무난하게 김밥을 팔아볼까? 일단, 집은 어디에 구할까? 바닷가 근처? 도로 너머로 바다를 멀리서 볼 수 있는 저 언덕 쪽? 요즘 이 동네 구옥 시세는 어떤가? 볕이 뜨거운 날은 파라솔 아래에서 맥주를 마셔야지. 해가 질 무렵에는 바다에 들어가야지. 좀 전에 지나온 항구에 스킨스쿠버 클래스가 있던데, 동네 주민이니 할인해 달라고 해야지. 그리고 온 동네를 가로지르는 해파랑길 46코스가 있었다. 자전거를 타고 윗동네 아랫동네를 파란 라인이 그어진 대로 가볼 테다. 그러면 너무 바빠서 무슨 가게가 되는지도 모를 내 업장 운영이 어렵겠는데? 뭐 이런 상상의 나래를 펼치고 있었다.

　나는 20여 분 전에 이 책방에 들어와 작은 창이 있는 테이블에 앉아 책을 펼쳐놓았지만, 이런 공상을 하느라 글자는 눈에 들어오지 않았다. 작은 창으로 보이는 것은 돈가스 집이었다. 어쩌자고 돈가스 집 간판이 '사랑 만들기'인지. 부대찌개와 두부찌개도 된다고 적혀 있었다. 바닷가 앞 돈가스집이라니, 뭔가 불가해한 듯했지만, 이 동네가 더욱 천진하게 느껴졌다.

까만 아이의 동네 책방과 찌개도 되는 돈가스집만이 이 동네가 지닌 매력의 전부가 아니었다. 숙소에서 책방으로 걸어오면서 다른 시골 마을과는 다른 독특한 점을 느꼈다. 집집이 텃밭에 고추, 가지, 상추 등이 심겨 있었다. 이것은 시골 동네 어디나 비슷하다. 그런데 꽃이 없는 텃밭이 없었다. 어딘가에서 날아온 야생화가 피기도 했겠지만, 초보 가드너인 내 눈에 그것은 모종을 돈 주고 사서 정성껏 기른 화초였다. 이 계절에 피기 시작하는, 화원에서 파는 꽃이었다. 정성을 들인 화초는 잘 입혀 학교에 보낸 애들처럼 당당하고 싱그러웠다. 교암리 이장님의 화사한 강령에 따른 것인지, 아니면 주민들끼리 공동 구매를 했는지는 모르겠지만 다른 동네랑은 사뭇 달랐다. 이게 고성군의 특색인가 했더니 윗동네 백도항 주변에는 화초는커녕 집 앞에 내놓은 화분도 별로 보이지 않았다. 이것은 교암리만의 특색이었다.

교암리가 처음부터 맘에 들었던 것이 바로 이 때문

이었다. 밭 한쪽이든 마당이든 꽃들이 꼭 있었다. 계절 꽃을 집집이 경쟁하듯 키웠고, 그래서인지 집 앞 화단 가꾸기에 진심인 주민들의 집은 표가 났다. 반들반들 수시로 정성을 들인 흔적이 보였다. 텃밭에서 따 먹을 푸성귀만 키우는 집은 한 집도 없었다. 밭 한편에는 반 드시 꽃이 피어 있었다. 꽃이 아니면 선인장이나 다육 식물이라도 키웠다. 그렇다 보니 언덕이나 공터에 혼 자 핀 야생화조차도 누군가가 보살피는 듯이 천덕꾸러 기 같아 보이지 않았다. 나도 이곳 주민이 되고 싶었 다. 지적인 바다. 방석에 앉아 미사를 보는 작은 성당. 스킨스쿠버를 배울 수 있는 소박한 항구. 와인과 수제 맥주를 파는 힙한 상점. 강원도 최고의 막국수 맛집. 내 취향을 고스란히 담은 책방. 정성껏 화초를 키우고 정갈한 텃밭을 가꾸는 이들이 사는 이곳에서 살아보고 싶었다.

　주말에 나는 집 근처의 카페에서 '할 일'을 하거나 근교의 조용한 카페를 찾아 '할 일'을 한다. 가끔은 바 다가 보이는 카페에서 '할 일'을 하기 위해 강원도로 떠난다. '할 일'이라는 것은 주중에 못 한 일이나 언젠가 하려고 미뤄두었던 일을 말한다. 불안이 쫓아오지 못하는 한적한 시골에서 가만히 앉아 시간을 낭비하며 지내는 것은 상상만 해도 좋았다. 그러다가 책상 앞이 지겨워지면 숙소 근처의 식당에서 밥을 먹고 그 동네를 어슬렁거린다. 식사를 하기 위해 근처 식당을 찾고 동네 골목을 돌아다니는 게 전부인 1박 2일 나들이다. 근데 이번 교암리 방문을 통해 시골 생활을 한층 갈망하게 되었다. 마을을 거닐면서 눈에 담은 바다 풍광, 한가로이 사는 사람들과 생활 공간. 차도 사람도 별로 없어서 지나치게 심심할 것 같은 일상을 상상해 보며 내가 사는 곳의 치열함과 고단함을 잠시나마 잊을 수 있었다.

　다음 날 숙소(워케이션 숙소였다) 작업실에서 컴퓨터 화면을 쳐다보다 가끔 바다를 바라보았다. 잔잔한 파도가 치고 햇빛에 따라 물색이 달라지면서 반짝거렸다. 저 바다를 두고 집에 가야 한다니 애통하기까지 했다. 차가 막히기 전에 고속도로로 들어섰다. 좀 전의 바다 풍경은 고속도로 위 자동차들의 모습으로 빠르게 대체되다. 익숙한 아파트촌에 도착했다. 교암리에서 집으로 돌아오는 데 세 시간쯤 걸렸다. 집에 오자마자 알로에 로션을 팔다리에 펴 발라 햇볕에 익은 피부를 진정시켰다. 선크림을 발랐음에도 불구하고 얼굴과 목덜미가 타서 따갑고 간지러웠다.

내일 먹을 식료품을 주문하기 위해 새벽 배송 앱을 켰다. 월요일 아침, 출근길이 막힐까 봐 일찍 나서면서 새벽에 배송된 문 앞에 놓인 물건들을 집 안으로 밀어 넣고 빌딩 숲으로 향했다. 빌딩 안에서는 신발에 흙이 묻지도 않았고 피부가 햇볕에 타서 따갑지도 않았다. 집으로 돌아가는 시간, 퇴근길 러시아워가 시작되어선지 차들이 날이 섰다. 가다 서다 하는 틈에 끼어 떠밀리듯 집으로 왔다. 지하 주차장에서 지하 주차장으로, 콘크리트 속에서 또 다른 콘크리트 속으로 나는 다시 돌아왔다.

# 모래

가까이 사는 사촌 언니와 평일 점심을 함께 했다. 우리는 경상도 출신이라 돼지국밥에 향수가 있었는데 마침 근처에 유명한 집이 있었다. 인제야 알게 된 게 아쉬웠을 만큼 고향 맛이 제대로 났다. 언니랑 그곳에서 흡족하게 한 그릇을 뚝딱했다. 언니가 오후에 출근하기 전까지 시간이 있어서 차도 한잔 하기로 했다. 언젠가 가보려고 별렀던 홍차 전문 카페가 가까이 있었다. 그곳으로 들어가는 순간 박물관에 들어선 것 같았다. 사장님이 세계 각지에서 모은 홍차 티포트 세트가 사방을 뒤덮고 있었다. 정말이지 이런 분이 홍차 가게를 열었다는 것에 대해 지역사회가 감사해야 했다. 멀리 영국까지 갈 필요도 없이 모든 종류의 홍차를 영국 귀족처럼 격식을 갖춰 마실 수 있을 것만 같았다. 자리에 앉아 두꺼운 홍차 리스트를 이리저리 살피며 홍차를 골랐다. 언니는 '포트넘앤드메이슨'의 '로즈 포총'을, 나는 '니나스'의 '마리앙투아네트'를 선택했다. 상큼하고 싱그러운 맛이 나서 6월에 마시기 좋다고 사장님이 추천해주었다.

한때 차 입문을 위해 여러 홍차를 공부했지만 오래 가지 못하고 다시 커피 인생으로 돌아왔다. 유명하다는 홍차 브랜드는 귀동냥으로 알았지만 한정적이었다. 이렇게 방대한 홍차 리스트는 처음 보았다. 소리 내 읽어보는 것만으로도 색다르고 낯설었다. 홍차를 정하고 나니 사장님이 마음에 드는 티포트를 고르라고 했다. 그곳에는 수백 가지 전시용 티포트 외에 접객용 티포트도 10여 종 있었는데, 맘에 드는 걸 고르면 거기에 차를 담아준다고 했다. 언니는 영국산 '로열 앨버트'의 '컨트리 로즈' 시리즈로 골랐고, 나는 러시아산 '로모노소프'의 '핑크넷' 시리즈로 골랐다.

'마리앙투아네트', '로즈 포총', '로모노소프' 같은 단어를 이어서 말하니 외국어를 구사하는 것같이 내 말이 근사했다. 깨지기 쉽고 반짝거리는 것들 틈에 앉아 있으니 허리가 꼿꼿해지고 말린 어깨도 펴졌다. 도도하고 예민한 상류층 귀부인이 된 듯했다. 불과 10분 전, 깍두기 국물을 넣은 국밥을 쩝쩝거리며 퍼먹던 아줌마는 감쪽같이 자취를 감췄다.

사장님이 우리의 티 세트를 갖고 왔다. 우리가 고른 티포트에 그것과 세트인 앙증맞은 밀크 저그와 티 트레이너 그리고 프랑스산 각설탕이 담긴 슈가박스와 그것들을 하나씩 집을 수 있는 은 집게와 섬세한 조각을 한 커트러리까지, 완벽한 티웨어 세팅이었다. 모래시계를 뒤집어 차를 우리고 티 트레이너로 찻잎을 걸렀다. 조심스럽게 찻잔에 따른 뒤에 우아하게 마셨다. 우리는 품격 있는 세계로 진입했다. 수다를, 아니 대화를 격조 있게 나눴다.

집에서 30분 거리인데도 낯선 여행지에 도착한 듯했다. 척박한 언덕 위, 오래된 성에서 연미복 차림의 집사의 시중을 받으며 차를 즐기는 기분이었다. 어떤 고민도 없이 모든 감각을 차의 향과 차가 담긴 잔, 그리고 모래시계가 떨어지는 시간의 흐름만 따르면 되었다. 차 한잔 마시기 위해 꺼내놓은 10여 종이 넘는 저 티웨어의 설거지는 내가 걱정할 필요가 없었다. 차를 마시는 동안 언니도 나도 잠시 시름을 잊었다. 어쩌면 이 믿기지 않게 호사스러운 시간이 언니와 내가 처한 상황과 대비되어 더 사치스럽게 느꼈을지도 모른다.

언니의 아버지, 즉 내 외삼촌은 병원에 누워 계셨다. 며칠 전 더 이상 해줄 것이 없다는 의사의 소견을 들었다. 외삼촌이 뇌출혈로 쓰러진 지 5개월도 안 된 때였다. 나는 그 상황을 가까이서 지켜보고 있었다. 이전으로 돌아갈 수 없다는 낙담과 실의에 억지로 희망을 찾아 끌어다 붙여야만 하루를 살 실낱같은 전의를 얻었다. 언제 그 희망이 깨질지 모른다는 불안감 때문에 행복을 바라거나 계획하는 일은 죄스럽게 느껴질 정도였다. 언니는 병원에서 전화가 올까 봐 늘 노심초사였고 나도 혹시나 하는 불안감에 초조했다. 잠시나마 '로즈 포총'과 '마리앙투아네트'에 정신 팔 시간이 필요했다. 하지만 열두 시 종이 울리기 전에 돌아가야 하는 신데

렐라처럼 언니도 나도 그곳에서 나와야 했다. 일터로 돌아가는 언니와 헤어져 육교를 건너 버스 정류장으로 갔다.

6월 중순 오후 세 시. 맑고 쾌청했지만 햇살이 뜨거웠다. 내가 좋아하는 여름의 열기가 시작되려나보았다. 바람이 살랑 불었지만 수분을 머금어 묵직하고 뜨듯했다. 경상도식 국밥을 먹고 영국식 차 대접을 받아서인지 빛나는 것들을 눈에 담을 여력이 생겼다. 익숙한 것에서 발이 쓱 떨어지며 공중에 붕 뜬 기분이 들었기 때문이다.

버스에 올라타서 자리에 앉았다. 버스 안은 적당한 에어컨 바람으로 쾌적했다. 초등학교 3학년쯤 되어 보이는 아이가 물이 가득 든 채집통을 들고 싱글벙글 웃으며 옆자리에 앉았다. 채집통을 요리조리 훑어보는 표정이 기대와 기쁨에 넘쳤다. 완벽하고 온전한 행복을 보여주는 표정 같았다. 저 아이만 했을 때 나는 어른이 질문을 하면 곤란하고 싫었지만 나도 모르게 아이에게 말을 걸었다.

"채집통 안에 뭐가 들었어?"

아이가 내 질문을 기다렸다는 듯이 대답했다.

"체리새우랑 초코새우랑 다른 새우까지 여덟 마리 있어요."

그러면서 채집통을 요리조리 살펴가며 자랑했다. 신기하고 부럽다는 눈빛으로 채집통에 눈길을 줬다. 자기 크기도 바쁠 텐데 저 작은 것들을 키워보겠다고 집으로 데려가는 아이가 귀여웠다. 아이의 들뜬 표정에 나까지도 흐뭇해졌다.

나도 좀 전에 작고 예쁜 잔에 담긴 향긋한 차를 마시며 너처럼 황홀한 시간을 가졌단다. 내 힘든 언니도. 너 '로즈 포총' 알아? 하며 나도 아이한테 자랑하고 싶었다. 무언가에 설레는 찰나를 거머쥔 아이에게 나도 그 설렘을 안다고 말하고 싶었다. 그런 설렘이 모여 삶의 빈틈을 채워주리라는 걸 이 아이도 체리새우를 떠올리며 언젠가 깨닫게 될 테지.

은유 작가는 『글쓰기의 최전선』에서 '기쁨과 슬픔을 자아냈던 대소사의 나열은 삶의 극히 일부분이다'라고 했다. 돌잔치, 입학식, 졸업식, 결혼식, 장례식 같은 것들이 삶의 커다란 바위라면, 그 사이의 빈틈을 메꾸어

주는 모래 같은 평범하고 작은 하루하루도 필요하다. 집으로 돌아와, 가본 곳 중 가장 먼 곳에서 사 온 비누의 포장을 뜯었다. 아껴뒀던 그 비누로 손을 씻자 그곳에서 매일 보았던 자카란다 꽃 향이 났다. 떠날 때 이곳은 영하의 날씨였는데, 도착한 나라는 보라색 자카란다 꽃이 어디에나 무성하게 피어 있었다. 그 꽃을 보니, 내 고민과 슬픔이 이 먼 곳까지는 따라오지 못할 것 같았다.

하지만 내 일상의 번민이 쉽게 따라올 가까운 곳에서도 온전히 여행자처럼 지낼 수 있었다. 낯선 곳에서의 설렘은 멀리 떠나야만 경험할 수 있는 것이 아니었다. 사는 곳 근처에서도 여행지에서와 같은 경험을 할 수 있다고 생각하니 떠나고 싶은 기분을 바로 해소할 수 있을 것 같아 위안이 되었다. 오늘 느꼈던 감각, 입 안의 맛, 기온과 바람의 변화, 천진한 아이와의 대화, 먼 여행지에서 데려온 향기까지, 다 기억하지 못하더라도 오늘의 모래알은 어떤 모래알보다도 찬란했다.

그 모래알의 존재를 '초여름 어느 날'이라는 심심한 제목 말고, '로즈 포총과 체리새우'라는 생소한 고유명

사들로 찾아볼 수 있도록 해놓고 싶다. 일상 속 반짝이는 것에 반하고 한 번도 들어본 적 없는 말을 알게 된 날, 모래알만 해도 그것으로 삶의 빈틈 하나를 채웠다.

# 냉면

7월이 시작되기 하루 전날, 올해 첫 평양냉면을 먹었다. 작년의 첫 평양냉면도 석 언니랑 먹었다. 재작년은 어땠나? 아마 첫 냉면은 아니더라도 같이 먹긴 했을 것이다. 석 언니랑 평양냉면을 안 먹고 지나갔을 리가 없다. 하긴 냉면뿐이겠는가.

올해의 첫 팥빙수, 올해의 첫 칼국수, 올해의 첫 붕어빵을 같이 먹었을 것이 분명하다. 석 언니는 내가 사는 곳에서 차로 20분 거리에 살기 때문에 대개는 동네 근처에서 만나지만, 이번 일요일에는 서울 강남 한복판에서 만나기로 했다. 내가 좋아하는 작가의 신작 출간 기념 북토크에 가기 위해서였다.

둘 다 대구가 친정이라 친정 식구들과 멀리 떨어져 살다 보니 외로웠다. 서로 의지하며 20년 넘게 서로의 친정이 되어주고 있었다. 우리는 자주 전화하고 만나는데도 할 말이 많았다. 매일매일 일상을 보고하듯 얘기를 나누기 때문에 어디서부터 시작해야 하는지 알고 있어서다. 어제 일을 다 얘기하고 나면, 새로이 오늘 일을 시간 순서대로, 아니면 생각나는 대로 얘기하면 되는 것이다. 사소한 일조차도 말하다 보면 선명한 일이 되어버렸다. 속상한 일은 농담으로 뭉개버리며 '아무것도 아니었네' 하면서 마음에 담아두지 않으려고 했다. 누가 나를 함부로 대하면 언니에게 좋알좋알 고자질했고, 언니는 다 듣지 않고도 내 편을 들어주었다. 그게 우리가 지루하고 힘든 일상을 견뎌내는 힘이었다.

요즘의 주요 대화 주제는 부모님의 안녕이다. 사실 안녕하지 못하기에 그전에 경험해 보지 못했던 일들이 날마다 우리를 기다린다. 석 언니의 아빠와 우리 엄마는 외할아버지 외할머니의 5남매 중 장남과 장녀.

장남인 석 언니의 아빠는 몇 개월 전 동네 친구와 얘기하다가 갑자기 말이 어눌해지더니 쓰러지셨다. 그러고는 응급실을 전전하다가 사는 곳에서 30킬로미터나 떨어진 어느 지방 병원에서 급하게 수술을 받았고 아직 병원에 계신다. 장녀인 나의 엄마는 5년 전 남편을 먼저 보내고, 단기 기억상실을 겪으며 아침에 눈뜨면 주간보호센터에 갔다가 저녁이 되면 집으로 돌아온다.

장남은 당신의 육체에 갇히고 장녀는 당신의 정신에 갇힌, 한마디로 유배 생활을 하는 중이었다. 부모를 유배 보낸 심정으로 석 언니와 나는 요즘 날마다 놀랐다가 슬퍼했다가 체념했다가 낙담하기도 하고 회피해 보기도 하고 희망을 품어보기도 했다.

언니는 조부모님(내게는 외조부모님)과의 추억이 매우 많다. 언니는 요즘 어린 시절 얘기를 많이 한다. 모두가 활기차고 기운 넘치던 시절이었다. 우리 외할아버지가 얼마나 낭만적이었는지, 우리 외할머니가 얼마나 유머러스했는지 언니는 항상 얘기했다. 언니만큼은 아니지만 나도 외갓집의 추억이 많다. 어릴 때 외갓집 가는 게 좋았다. 외삼촌 두 분이 가까이 사셨는데 식구도 많고, 먹을 것도 많고, 재밌는 또래 사촌들 덕분에 시간 가는 줄 몰랐다. 그 집의 맏손녀였던 석 언니는 그 모든 걸 누리면서 가끔 들르는 나에게 내가 놓친 이야기들을 해주었다.

그렇게 북적거렸던 외갓집에는 외할머니, 외할아버지가 돌아가신 뒤, 사촌들도 다들 결혼해서 떠나고 한동안 외삼촌과 외숙모 두 분만 사셨다. 지금은 아무도 살지 않는다. 외삼촌이 병원에 입원하시고 외숙모가 석 언니의 집으로 오신 후, 언니의 친정이자 나의 외갓집이었던 마당 깊은 그 집은 굳게 문이 닫혀버렸다.

우리의 부모님은 할머니, 할아버지보다 수십 줄 뒤에 서 있었고, 우리는 부모님보다 또 수십 줄 뒤에 서 있다. 차례차례 줄지어 한 방향으로 흘러가는 컨베이어 위에서 살아가고 있다. 컨베이어는 한시도 쉬지 않고 움직인다. 싫다고 벨트 위에서 내릴 수도 없고, 되돌아갈 수도 없다. 누군가 빨리 달려 추월한 경우가 종종 있었기에 순서가 없다고 하기도 하지만, 거대한 섭리는 모두 한 방향이었다. 컨베이어 위에서, 살아간다는 것과 죽어간다는 것은 같은 말이다.

석 언니의 동생(나에게는 외사촌 오빠)이 어제 멀리서 식구들을 데리고 외삼촌이 계시는 병원으로 왔다고 했다. 외삼촌과 마지막으로 인사하는 자리가 될지도 몰랐다. 언니는 오래간만에 보는 조카들과 동생이 반갑고 좋아서 기운이 났다고 했다. 누워 계시는 외삼촌도 손주들을 보고 눈빛이 달라졌다고 했다. 그 장면이 눈에 보이듯 선해서 슬픈데도 다행이라고 안도가 되었다. 오랜만에 손주들을 보셨을 외삼촌. 갑자기 수척해진 할아버지의 모습을 본 손주들의 마음은 또 어땠을지. 인사할 수 있는 시간이 주어졌음에 복잡한 마음이 들어 나는 오열하기 직전이었지만, 지하철을 갈아타며 얘기를 나눴기 때문에 눈만 빨개진 채 울음을 삼켜야 했다. 목이 컬컬했다. 뭔가 마시고 싶었던 건 갈증 때문만은 아니었으리라. 인사를 나눌 시간이 주어졌다는 것에 감사하자고 위로랍시고 말했지만, 그 말이 그다지 위로가 안 되리라는 것을 알았다.

우리는 애써 착잡한 마음을 다시 묻었다. 희비애환이 동시에 덮친다는 사실, 그것을 깨닫기 시작한 우리는 죽음마저 일상의 한 부분으로 들여다 놓을 겪기가 생겼다. 계속 슬픔 속에 있을 수만은 없기에 일상의 틈을 벌려 기분을 환기하려고 일부러 외출할 건수를 만들어 강남까지 나온 것이다. 석 언니는 하루에 몇 번씩 감정의 극단을 널뛰듯이 오갔다. 나도 즐거운 일이 그리 즐겁지 않았고, 화나는 일이 있어도 화낼 기력을 다 쏟아내지 못했다. 그것이 지극히 당연하다고 여겼다. 울면서도 웃을 수 있는 우리는 허기도 자주 느꼈다. 이 감정과 생리적 본능의 비논리적 인과관계는 이해가 안 가지만, 아마도 슬퍼하고 감당하기 위해 에너지가 좀 더 필요했기 때문이었을 것이다.

나는 북토크 장소에서 가까운 평양냉면 식당을 검색해 놓고, 북토크에 가기 전 석 언니랑 들르기로 했다. 처음 가보는 곳이었는데 대기 줄이 길었다. 우리는 잠시 기다렸다가 자리로 안내를 받았다. 올해 처음 먹는 평양냉면이었다. 석 언니가 워낙 좋아하는 음식이라 언니와 같이 유명한 곳에서 먹으면 언니에게 어떤 말보다 위로가 될 것 같았다. 울음이 걸려 컬컬했던 목이 국물을 그릇째 들이켜니 조금 가라앉는 것 같았다. 담백하고 밋밋한 냉면의 맛이 요동치는 감정을 차분하게 눌러주었다.

"우리 작년 첫 평양냉면 기억나?"

"기억나지, 남대문 시장. 그 집 평양냉면도 진짜 맛있었는데."

우리는 올해도 평양냉면을 함께 먹으며 본격적인 여름의 문을 활짝 열어젖혔다.

컨베이어는 쉴 새 없이 움직이고, 공평하게 흐르는 그 위에서 우리는 또 한 계절을 통과해야 한다.

# 재배치

50이라는 나이는 아직도 어색하고 낯설다. 마음은 천방지축 20대인데, 겉모습은 지치고 생기 없나 보다. 열두 시간을 숙면하고 외출한 날에도 주위에서 "피곤해 보인다, 어제 잠 못 잤어?"라는 걱정 아닌 걱정을 들어야 했다. 나이를 먹으니 얼굴도 체력도 아무리 푹 자고 잘 먹어도 회복이 더디다. 인정하기 싫지만 에너지도 금세 소진된다. 완전히 충전하고 나와도 오후만 되면 배터리가 40퍼센트로 훅 떨어지는 5년 된 내 스마트폰과 같다. 나이 드는 걸 하루하루 절감하고 체념하지만, 배터리 잔량처럼 그것들이 알림까지 해주니 당황스럽다. 나와 같은 생각을 하고 있던 친구나 지인의 적극적인 개선 사례에 흥미롭게 귀 기울이게 되었다. 피부 리프팅이라든지 하안검 수술이라든지 눈 밑 지방 재배치라든지.

어느 날 저녁, 지하철을 타고 집으로 돌아가는 길에 언뜻언뜻 창에 비치는 내 모습을 보았다. 아침에 나올 때와는 다른 이가 나를 쳐다보고 있었다. 그날따라 얼굴 근육 전체가 중력에 못 이겨 액체처럼 흘러내리고 있었다. 특히 얼굴, 그중에서도 눈 밑의 주머니가 불룩하게 튀어나와 피곤해 보일 뿐만 아니라 늙어 보였다.

눈 밑의 지방은 원래 눈을 보호하는 구조물이지만, 노화로 지방이 흘러내리면서 불룩해져 전체적인 인상을 지쳐 보이고 피곤해 보이게 한다고, 한 달 전 재배치 수술을 한 친구가 상세하게 알려줬다. 친구를 보니 수술 전과 달라진 것이라곤 눈 밑 지방의 상태일 텐데 처진 지방을 조금 긁어냈을 뿐인데도 전보다 적어도 몇 개월은 젊어 보였다. 나도 뭐라도 재배치를 해서 질서 정연하게 만들고 싶어졌다. 다른 지방은 몰라도 노화로 처진 눈 밑의 지방은 다시 배치할 수 있다니, 퇴

직급 용처의 순서만 재배치하면 될 것 같았다. 재배치라는 단어가 재활되고 재생되는 갱생의 희망적인 슬로건 같아서 마음이 다급해졌다. 지인들이 나를 보고 피곤해 보인다고 말하지 않도록 하루라도 빨리 지방을 어떻게든 하고 싶었다. 지금이 뭐라도 재배치하기 좋은 타이밍이었다. 강남의 한 성형외과에서 상담받고 그 자리에서 수술을 결심했다.

눈 밑을 절개해야 하므로 수면 마취를 해야 한다고 해서 겁이 났다. 마취하기 전, 의사는 내 눈 주변에 펜으로 쓱쓱 선을 그었다. 그 선을 따라 칼질하는 건지, 지방이 처져서 생긴 주름을 한번 따라 그려보는 수술 전 의식인지 알 수 없어 무서웠다. 성형외과 수술 중에서는 간단한 수술이고 30분도 안 걸린다며 의사는 나를 안심시켰다. 수술이 끝나기 5분 전에 깨어나도록 마취제가 준비되었다. 시력에 문제가 없는지 확인하려면 눈을 뜨고 있어야 한다는 이유였다. 즉, 수술이 끝나기 전에 의식이 돌아온다는 말이었다.

몇 분이 지났을까? 눈알을 잡아 묶는 것 같은 느낌이 들었다. 여기가 어딘지, 뭘 하는 중인지 어리둥절했다. 옅은 꿈을 꾸고 있었는데 이것이 죽음의 세계인가 의심이 들었다. 얼마 전에 읽었던 김훈 작가의 『허송세월』 속의 문장이 떠올랐기 때문이다. '나는 죽어서 어디론지 갔다. 갔다기보다는 어디엔가 와 있었다. 왔다기보다도, 어디엔가 위치되어 있었다'라는 문장이었다. 나도 그때 어딘가에 '위치'된 것 같았다. 옅은 꿈속에서 가지도 오지도 않았던 그곳은 서커스장이었다. 그곳에 내가 위치되어 있었다. 살아 있을 때(?)도 한 번도 가본 적 없었던 그곳에서는 보라색 옷을 입은 피에로가 다람쥐 통으로 나를 인도했다. 다람쥐 통도 보라색이었다. 보라색이 서커스장의 콘셉트인지, 즐거워야 할 서커스장이 왜 이리 침울한지 의아했다.

"움직이면 안 돼요." 누군가 의식 저편에서 말했다.

의식이 돌아오면서 내가 몸을 움직였던 걸까. 의사는 당황한 듯 "어, 어어" 하는 알 수 없는 소리를 냈다. 지방 말고 다른 것도 재배치되나 싶어 그 의성어를 해석하려고 애썼다. 내가 움직이는지, 살아 있는지도 알 수 없어 혼란스러워하다가 마취에서 깨어났다. 곧 수술은 마무리가 되었다. 두툼한 붕대가 눈 밑의 상처를 덮었다. 몇 분 정도 앉아서 고글을 쓴 듯 부었던 눈두덩이를 진정시켰다. 마스크와 모자로 얼굴을 가리고 덮은 뒤 집으로 갈 채비를 했다. 서울의 강남 근처를 그렇게 다니노라면 나와 비슷한 몰골을 한 이들과 간혹 마주쳤다. 다들 어딘가를 재생하는 중이거나 재건하는 중인 듯 보였다.

지하철을 타고 집으로 돌아와 그제야 내 얼굴을 거울로 보았다. 눈, 코, 입을 재배치한 게 아닐까 싶게 얼굴 전체가 퉁퉁 부어 있었다. 일주일은 이 상태일 것이므로 꼼짝 말고 집에만 있어야 했다.

그때가 8월 초였는데, 그 어떤 해보다 더웠던 여름의 한가운데였다. 생업을 관두고 백수로 지내며 두 번째로 맞이한 여름이었다. 그 전까지 나는 퇴사하고 난 뒤에 하려고 별렀던 일들을 찾아서 해내고 있었다. 파열된 어깨 근육과 디스크 때문에 병원에 다녔고, 아프신 엄마를 돌봐드리러 지방의 친정을 왔다 갔다 했다. 저녁이 없는 삶을 살던 그간의 직장 생활을 보상받으려 저녁마다 공연을 보거나 강연을 듣거나 지인을 만났다. 오전에는 일정한 시간에 나가서 일본어와 캘리

그래피를 배우고, 요가를 하고, 바리스타 자격증을 따고, 독서 모임에 나갔다. 퇴사한 지 1년이 지나도록 온전히 쉬지 않고 종종거렸다.

애매한 나이에 손에서 일을 놓으니 이제는 늙고 지칠 일만 남아 있을 것 같아 아무것도 안 하고 집에 있는 시간이 불안했다. 평생 몸에 밴 조급증 때문인지 계획했던 일을 다 하고 싶었던 내게는 하루가 짧고 바빴다. 무리하게 일하던 때 생기곤 했던 구내염과 방광염이 일을 관둬도 주기적으로 도지는 걸 보니 몸은 내가 퇴사한 줄 모르는 것 같았다. 시간을 흘려보내지 않겠다는 욕심이 얼굴에 드러나서 잠을 푹 자고 나와도 지쳐 보이던 게 당연했다는 걸 눈 밑으로 붕대를 칭칭 감고 난 뒤 깨달았다. 수술하고 나서 불과 다섯 시간도 안 되었는데. 지방이 아니라 내 생활을 재배치하고 재편성해야 했던 건 아니었을까?

상처가 아물 때까지는 어쩔 수 없이 바깥 활동은커녕 집안일도 제대로 할 수 없는 상태가 되자 하릴없이 거실 바닥에 누워만 있었다. 8월의 더위는 기세등등했지만 누워서 선풍기만 쐬어도 시원했다. 눈을 쉬게 해야 했으므로 스마트폰이나 텔레비전, 책도 볼 수가 없었다. 멍하니 선풍기 날개가 돌아가는 걸 보거나 설핏 잠에 빠지기도 했다. 몸이 배기긴 했지만 거실 마룻바닥은 시원했고, 에어컨 없이 선풍기만 돌아가니 유년 시절의 여름방학같이 한가로웠다. 마침, 집 앞 나무에서 매미도 울어댔다. 아무 일 안 해도 되고, 아무것도 계획하지 않아도 되는 이 무위의 시간. 무위의 당연한 이유가 있어서 마음도 편했다. 한여름의 갑갑할 정도의 평화로움, 통증과 피눈물이 함께하는 여유로움이 싫지 않았다. 하지만 일주일을 아무것도 못 하고 하루하루 보내려니 슬슬 불안해졌다.

내 상황에 대해 듣고는 지인이 "어쭈, 호강이야. 큰병 선고받고 병실에 갇히지 않은 게 어디야?" 한다. 정말 그렇다. 강제 쉼을 선고받기 전에 선풍기 바람만 쐬는 것이 하루 할 일의 다인 것은 어쩌면 8월 말복 즈음의 축복이었을 것이다.

2주가 지난 후 부기가 빠졌고 눈 밑의 지방은 재배치가 된 게 맞는지 아리송한 상태가 되었다. 30분간의 지방 재배치 수술로 생기 있는 표정을 찾고 싶었지만 지방 몇 밀리그램을 정리했다고 해서 즉각 활기찬 모습으로 바뀔 리 없었다. 여전히 잘 자고 잘 먹는 일에 신경을 쓰지만, 시간을 허투루 보내는 일에도 관심을 가질 생각이었다.

지인들은 여전히 내 얼굴을 보며 "잠 못 잤어요?", "요즘 피곤하신가 봐요?"라고 말을 건넨다. 걱정이 있거나 피곤할 수도 있을 내 시간을 돌아보게 된다. 집안의 가구를 재배치한다고 해서 집의 연식이 달라지지 않듯이, 지방 재배치로 겨우 기분 전환만 했다. 재생하고 재배치해도 여전히 50대로 위치되었다. 그곳이 혼란스러운 보랏빛 다람쥐 통 속이라도 굴려보는 수밖에. 노화에 대한 가장 적극적인 대응은 순응이라고 하니까.

# 썸머

내가 사는 동네에는 멋진 책방이 있다. 그곳에서 열리는 독서 모임에는 자신의 본명 대신 애칭을 사용해 참석해야 한다. 자신의 이름에 부여된 지위와 사회적 책임을 잊고 오롯이 책 읽는 '나'로 존재하기 위한 장치였다. 나의 애칭은 '썸머'다. 여름을 좋아해서 망설임 없이 지었다. 모임에서 나를 '썸머'라고 하면 여름을 좋아한다고 매번 말하지 않아도 되었다.

초여름, 한여름, 늦여름 중 정수리 바로 위에서 태양이 이글거리고 지열이 다리를 감싸는 한여름을 나는 편애한다. 한여름의 '한'은 순우리말 접두사로 '정확

한' 또는 '한창인'이라는 뜻을 가진다. 한여름은 여름의 절정일 뿐 아니라 계절의 정중앙인 시기이기도 하다. 그래서 한 해의 클라이맥스 같다. 뜨거운 태양 아래 허겁지겁 자라는 것들을 보면 이 절정을 위해 우주 만물이 달려온 것 같다. 청춘의 한창때처럼 느껴진다. 직사광선도 젊음의 열기 같아 뜨거울수록 갸륵했다.

'뜨거움', '땀', '뙤약볕', '쨍쨍', '찌는'처럼 '썸머'라는 단어도 초성의 된소리 때문인지 왠지 한여름을 연상시켰다. 영어 단어를 소리 나는 대로 한글로 적은 것이지만(외래어 표기법대로 적자면 '서머'가 맞다), 초성부터 열기가 느껴진다. '한여름'을 두 단어로 줄이면 '썸머'라고 우기고 싶다.

직장에 매여 있을 때는 더운지도 모르고 여름을 흘려보냈다. 사무실에서 에어컨의 찬 바람 때문에 무릎이 시렸고, 으슬으슬해하며 여름 감기에 걸리기도 했다. 뜨거운 햇빛보다 차가운 에어컨 바람과 함께 여름이 다 지나가고 말아 아쉬웠다. 퇴사 후, 에어컨 빵빵한 건물에서 벗어난 여름은 여름답게 더웠다. 왜 많은 사람들이 여름에 기운이 빠진다고 하는지 알 것도 같왔다. 에어컨 바람에서 벗어나니 초여름, 한여름, 늦여름을 뚜렷하게 구분할 수 있었다.

견디기 힘들어도 여름을 좋아할 만한 이유가 많았다. 옷이 얇고 가벼워져서 나를 억압하지 않았다. 입는데 시간도 많이 걸리지 않고, 빨아도 부피가 작아서 잘 마른다. 옷감 때문에라도 여름은 자유롭고 가뿐하다.

여름내 낮이 길다는 건 하루를 지루하게 보내는 백수에게도 덤으로 주어지는 시간이 있다는 것이었다. 왠지 서글퍼지는 황혼이 몇 시간 미뤄지는 듯해 안도했다. 다른 계절을 보내는 동안 조금씩 쌓아둔 낮 시간이 이자가 붙어 되돌아오는 것 같아 풍요로웠다.

초여름엔 첫 수박을 보면 심사숙고한다. 첫 수박이 달면 여름도 내내 달다. 근데 첫 수박은 크게 실패한 적이 없었다. 세 식구 중 과일 먹는 입은 둘뿐인데도 금세 한 통이 사라진다. 한 입 크기로 잘라 큰 통에 담아두고, 더울 때마다 한 조각씩 먹다 보면 배 속이 시원해져 한기가 돌 정도. 수박을 열댓 통 사다 먹고 나면 여름도 끝이다. 당이 꽉꽉 차오르게 하는 뜨거운 햇볕 아래 크는 것이 수박뿐이랴. 살구, 자두, 복숭아,

포도도 마찬가지다. 내가 사랑해 마지않는 과일들이다. 여름은 시장 가는 재미가 제일인 계절이다. 제철 과일과 옥수수, 감자, 푸성귀 등이 쉴 새 없이 쏟아지는 걸 보면, 그것들이 '와' 하는 함성을 지르며 다가오는 것 같다. 이맘때는 산책하다 귀를 기울이면 식물이 자라는 소리를 들을 수 있다. '쩍', '툭' 이런 소리가 난다. 식물이 바람에 흔들리는 소리가 아니다.

한여름엔 방학을 맞은 아이들의 간식거리를 사려는 엄마들이 마트에 몰린다. 그 풍경을 보면 다들 더위에 지치지 않게 잘 먹이고 싶어 하는 것 같아 흐뭇하다. 저녁 무렵, 나도 달고 싱싱한 채소와 과일을 사 와 개수대에 쏟아붓는다. 찬물로 오래도록 씻는다. 과일을 씻는 건지 과일로 물놀이하는 건지 모르겠다. 그것들을 잠시 물에 담가두고 바라보면 화병의 꽃을 볼 때만큼이나 눈이 즐겁다. 그러고는 작은 테라스로 나가 더위에 지친 식물에 호스로 물을 주고, 내 다리에도 발부터 무릎까지 물을 뿌려준다. 계곡물이 아니어도 아주 시원하다. 이것이 여름날 나의 중요한 '탁족 의식'이다. 그렇게 여름은 어느 날이든 휴가 온 것처럼 보낼 수 있다.

그래도 더우면? 얼음만 있으면 된다. 커피, 오이냉국, 열무국수, 냉면 등을 얼음을 가득 넣어 먹는다. 나는 속이 냉하고 손발도 찬 체질이지만 여름만 되면 몸 안팎을 차갑게 만드는 일에 몰두한다. 어쩌면 궁극의 시원함을 누리기 위해 머리 위 태양의 열기를 감수하는 것인지도 모른다.

8월 중순, 아침에 일어나 방바닥을 디디면 전날과는 다른 온도가 느껴진다. 하루 만에 서늘해진 것이다. 해는 저녁 일곱 시쯤이면 기울기 시작한다. 아쉬운 늦여름이다.

9월 초의 어느 날, 교외의 유명한 막국숫집에서 친구와 같이 식사를 하기로 했다. 일찍 도착한 나는 식당 밖의 대기석에 앉았다. 집에서 멀지 않은 곳이었지만, 산으로 둘러싸여 공기가 시원하고 청량했다. 친구를 기다리며 김신지 작가의 『제철 행복』을 읽었다. 책을 펼치니 마침 '처서'에 대한 글이었다.

'처서'에서 '처(處)'는 '처리하다'라는 뜻이었다. 처서는 더위를 마무리 짓는다는 의미라면서 '여름과 작별한다는 뜻일 테니까'라고 쓰여 있었다. '處'라는 한 자어를 찾아보았다. 뜻이 무려 스물일곱 개나 있었다. 그중에서 '멈추다'가 눈에 들어왔다. '처서'는 '더위가 멈추다'라고 해석할 수도 있었다. 9월 초였으니 처서 무렵이었는데(절기란 달력에 적힌 날 하루가 아니라 그날부터 다음 절기까지의 기간이라고 같은 책에서 알려주었다) 다들 '처서 매직'이 작동하지 않는다며 여름 늦더위에 징글징글해하던 시기였다. '처'를 '멈추다'라는 뜻으로 생각하니 다음 절기인 백로까지 온 우주가 이제 '더위를 멈춘다'라는 신호를 계속 보낼 것 같아 서운했다. 마침 막국숫집을 둘러싼 산속에서 서늘한 바람이 불어왔다. 그것이 더위가 멈추었음을 알리는 신호라고 생각하니 단순한 숲속 여름 바람이 아니었다.

그날 저녁, 집안일을 끝내고 쓰레기를 버리러 나갔다. 집 밖 수돗가에 여름내 청개구리가 자주 보였다. 손을 씻을 때 그것이 내 팔뚝 위로 뛰어올랐다. 깜짝 놀랐지만 여름이 끝난다고 생각하니 '더 놀라게 해', '더 열심히 뛰어올라'라고 북돋아주고 싶었다. 날씨가 추워지면 저 작은 초록색 개구리는 어디로 갈까.

곧 풍성했던 나뭇잎이 떨어질 테고 몇 개월 동안 앙상한 나뭇가지뿐일 것이다. 단풍 드는 가을이 화려하다지만, 초록이 빠지면서 나무가 마지막 안간힘을 쓰는 것 같아 서글프다. 엽록소를 포기한 거리는 황량하고 벌레들도 침묵한다. 그러고 나면 한 해가 획 지나가 버린다. 자연뿐 아니라 피부도 메말라 간다. 손발이 차가워지고, 마음도 점점 얼어붙는다. 이 모든 게 청춘 같던 햇빛이 사그라들어서다.

여름을 붙들고 싶은 마음은 시간을 붙들고 싶은 마음인지도 모르겠다. 가을이 와도, 겨울이 되어도 '썸머'라는 애칭으로 불리면 그나마 위로가 된다. 아무리 춥고 쓸쓸해도 '한여름'의 열기가 나의 애칭에 스며 있는 것 같다. 그 열기가 청춘 같아서 여름볕에 오래 매달리고, 한없이 들러붙고 싶다.

## 작가의 말

　SNS에 낙서처럼 끄적인 글을 본 지인이 "참 잘 쓴다"라고 말해 준 것이 그렇게 기쁠 수가 없었다. 정말 그런가 싶어 수필 한 편을 문학 공모전에 냈는데, 뜻밖에도 입선작이 되었다. 비록 수상작 중 가장 작은 상이었지만, 첫 도전에서 상을 받다니 한껏 들떴다. 호텔 연회장에서 열린 시상식에서 유명한 소설가로부터 상패를 받았다. 그 작고 반짝이는 것을 집 안 가장 눈에 띄는 곳에 올려두었다. 13년 전의 일이다. 그 이후에는 쓰고 싶은 마음만 가득했을 뿐, 아무것도 쓰지 못했다. 먹고사는 일이 바빴다. 상패를 볼 때마다 쓰는 내가 그리웠다.

몇 해 전 생업을 관두자, 다시 글을 써 보고 싶었다. 이 책의 목차 중 계절 뒤에 적은 단어는 글쓰기에 대한 나의 감정이다. 처음 글쓰기 모임에 갔던 가을, 어떻게 써야 할지 몰라 머뭇거렸다. 거창한 목표 없이 수업 과제를 위해, 라디오 백일장에 내기 위해 글을 썼다. 쓰고 싶은 이유가 또렷한 사람을 만났던 겨울에는 '왜 쓰는가?'를 진지하게 고민했지만, 꽃 피는 봄이 오자 공감과 지지받는 즐거움에 글을 썼다.

그 무렵 '경기히든작가' 공모전 포스터를 보았다. 주저하지 않고 글을 보냈고, 이렇게 '작가의 말'을 쓰는 기회까지 얻게 되었다. 내 능력에 비하면 과분한 상이었다. 부족한 부분을 많이 채워야 했다. 올해 여름, 오롯이 쓰는 일에 몰두했다. 내 주변을 살피고, 사소한 일에도 관심을 기울이며 한 줄이라도 더 써야 했다. 짧은 시간 동안 나를 만든 기억을 되짚고, 삶의 의미를 찾느라 힘겨웠지만 적성에 맞는 일을 찾은 듯 즐겁기도 했다.

남을 배려하고 눈치를 보느라 슬픈 일, 힘든 일, 기

쁜 일조차도 속에 묻어 둘 때가 많다. 그 속에서 싹을 틔우지 못한 씨앗이 많았다. 이번 여름은 그 씨앗이 조금씩 발아하던 시간이었다. 올해 여름은 평생 잊지 못할 계절이었다.

급히 떠난 아빠를 오랫동안 애도하겠다고 다짐한 적이 있었다. 이 책으로 그 다짐을 조금은 실현한 것 같아, 무엇보다 기쁘다.

미숙한 글을 보살펴주시고 다듬어주신 많은 분께 감사드린다. 지지하고 격려해준 내 주변의 모든 이들에게도 마음을 전한다.

정말 감사합니다.


박선영

# 모래알을 수집하는 시간

초판 1쇄 인쇄 2025년 11월 3일
초판 1쇄 발행 2025년 11월 13일

지은이 박선영

편집 이고호 | 디자인 윤종윤 이주영
마케팅 김다정 박재원 | 저작권 박지영 형소진 주은수 오서영 조경은
브랜딩 함유지 김은솔 박민재 이송이 박다솔 조다현 김하연 이준희 복다은
제작 강신은 김동욱 이순호 | 제작처 한영문화사

펴낸곳 (주)교유당 | 펴낸이 신정민
출판등록 2019년 5월 24일 제406-2019-000052호

주소 10881 경기도 파주시 회동길 210
문의전화 031.955.8891(마케팅) | 031.955.2680(편집) | 031.955.8855(팩스)
전자우편 gyoyudang@munhak.com

홈페이지 www.gyoyudang.com
인스타그램 @thinkgoods | 트위터 @think_paper | 페이스북 @thinkgoods

ISBN 979-11-24128-01-5 03810

이 책은 경기히든작가 선정작으로 경기도와 경기콘텐츠진흥원의 지원을 받았습니다.